法律科学的悖论

The Paradoxes of Legal Science

〔美〕本杰明·N.卡多佐 / 著

劳东燕 / 译

目　　录

第一章　导论・静止与运动・稳定与进步 /1

第二章　正义的内涵・价值科学 /35

第三章　利益的平衡・原因与结果・个人与社会・自由与政府 /76

第四章　自由与政府・结论 /119

注　释 /161

译后记 /197

第一章

导论·静止与运动·稳定与进步

"有了对数表,做事会更好。"当我尽己所能地完成作品,看着这个作品而无法说它好的时候,心里会不时地冒出这样的哀怨。在这些令人不安的时刻,我想象着大桥设计者所必然拥有的心理安宁。他工作的成品就展现在眼前,美丽、简洁而又完全真实。他不会为塔架、桥墩、钢索是否经得起重压的疑虑而烦扰。他的事业一目了然。倘若大桥倒塌,他会随之跌落,名声扫地而沦于毁灭。但仍然,他从不会觉得恐惧。他精心从事的不是单纯的试验,而是一条交通干线,将人们从此岸带到彼岸,让他们安全而无所畏惧,即使底下洪水滔天。

所以,我有时会基于反抗而大声地质疑:"为什么我就不能恰到好处地——或至少是差不离地——用法律规则来为生活的洪流架设一座桥梁呢?"我已经付出我的岁月在从事这项工作,在我的背后,还有无数代人,他们是早先时代的法官与立法者,带着燃烧的激情为此努力奋斗。法典与评释,大宗案卷记录(manor-roll)与法律年鉴,专著与法律报告,呈现的是反复试错的过程,在这些过程之中,他们为实现真相而斗争;同时,这些文献也铭记他们的失误与成功作为警示与范例。我拥有所有这些备忘录;但我的对数表还仍然空着,也就是缺一份权威性的索引:这份索引必须提供某个先例,以形成一个正义的公式。我的桥梁都是试验性的。在我之前的法官或立法者未予探索的领域中,我甚至不能在最窄的溪流上架设桥梁,哪怕确信这样的架设是明智的行为,也只能停止不前。

我并不想对通过学习能够克服的困难吹毛求疵。凭良心说,他们足够地努力,但是,勤奋能够掌握什么呢,它会成为需要哀叹的弱点。我并不是在考虑先例的众多,以及将它们当做我们自己的先例所需要付出的工作量。引发猛烈震动的刺痛来自于其他的考验。在那些司法功能是照模学样的或是静态的领域,或者所知的规则将以与现行模式完全相同(或至多稍有不同)的方式适用于混合事实的领域,勤奋、记忆与正常的推理能力就足以真正地指引我们。当司法的功能是动态的或创造性的,痛苦就来了。对于新的情况,必须宣布新的规则,在这样的场合,具有竞争力的各种相似先例虽提供了暗示或线索,但缺乏包含权威性指示的先例。

对于这些或类似的抱怨,我知道通常的回答是什么。我们被告知,法律并不是一门精确的科学,事情会就此终结,如果我们愿意在此终结它的话。通过重新确认智识(intellect)所反对的恶,人们并没有平息对智识的批判。精确无误或许是不可能的,但这并不足以使人们在心理上默许预先存在的内在不一致。长久来看,通过煽动思想上的反叛之火,而不是以陈词滥调来使之陷于窒息,法学才会成为赢家。怀特海(Whitehead)说[1],"如果科学不想退化为一堆由特定假设混合而成的大杂烩,它就必须变得具有哲理性,并且必须对其自身的理论基础展开彻底的批判"。对于法律,我们可以说类似的话。

因此,我不断地前行,持续地探索一条通往光明之路。出路可能无法找到。不过,至少可能会存在一些微光,这些微光是无能的懦夫所无法发现的,贪图安逸只会毫无成果。在混乱的背后,可能存在一个合理化的原则,这个原则揭示冲突与失序表象下的条理与一致。现代科学正试图革新对原子内部的运动的观念,并在一般意义上革新我们关于运动的观念。我们曾经认为放射线是连续的、连贯的。现在我们得知,事实上它是离散的、不规律的。[2]电子并不是由点到点地滑动,而是一跃而就。"可能的情况是,将运动视为一种连续平稳过程的古老法则,或许只是统计数据上的平均值,当我们从足够微小的刻度出发,任何事物其实都是跳跃式地前进,就像电影一样,借助前后相接的独立画面,它会给人以连续动作的错觉。"[3] 在使法律的发展合理化的问题上,在估测原则与先例的辐射效能的问题上,是否我们可能受到类似幻觉的影响呢?我们一直在寻求一种程式,这种程式将法律的发展视为通过连续统一体而实现的稳定进步的过程。这种连续统一体并不存在。相反,出现的是从点到点的跳跃。我们一直为和谐前进的理想所迷惑。但其实存在多个能量中心,它们互相吸引与排斥。在它们之间可以找到落脚之处。我们通过司法过程的各种方法,来使这些落脚之处为我们所用。如何来锻造它们?又在哪里能发现它们呢?

矛盾的调和,对立命题的吸收,相反意见的综合,这些都是法律中的重大问题。人们能够公平地说,"规范"是对立物的结晶,在剧痛中分娩。我们想象自己正在处理某个超现代的争议问题,它是工业社会利益冲突的产物。问题一目了然地放在那里,其核心仍是那些亟须理解的古老谜团——静止与运动,单个与多数,自我与非我,自由与紧急状态,真实与表象,绝对与相对。我们需要将稳定的诉求与进步的诉求相协调。我们要对自由与平等进行调和,同时,二者又要与秩序相统一。我们要尊重个体的财产权利,但不应将它们置于危及多数人的安全或福利的地步。我们必须守护正义的普世性,但又要使它保留个别化与特定化的能力。先例或制定法即便严厉,也应得到遵守,但衡平与良知的良好规诫也要予以遵守,不少时候,这是以牺牲书面文字为代价的。我们需要追溯事件的原因,但既然原因在数量上是无穷尽的,就必须有一个选择的程序,通过该程序,被认定具有作用力的原因,将随着预设目的的不同而有所不同。这到底是梦想世界还是现实呢?脚下的大地看起来不是那么稳固,但我们必须找到立足之处。我从不同的上下文意思,来引用利顿·斯特雷奇(Lytton Strachey)在其论述诗人蒲柏(Pope)*的文章中的表述,即"基本的对立","基本的对立,彼此冲撞,又相互调和"。

问题指明解决的方法。迪莫克(Demogue)说,司法工作的目的,不是逻辑性的综合,而是妥协。"当然,"他补充说,"这使法律成为一门难以捉摸的科学,但它是无法避免的。"[4]一个类似的二元分立,即静态与动态之间的对立,切分了整个宇宙。[5]因此,至少在今天看来,虽然这种切分实际上可能以我们自己并不完善的观念为转移,但我们还无法深入了解一个失去多样性的统一体。[6]直到拥有更为深入的洞察力为止,我们在渴求绝对的同时,必须满足于每一次权宜性的妥协,满足于每

---

* 蒲柏(1688—1744),英国诗人,长于讽刺,善用英雄偶体,著有长篇讽刺诗《夺发记》《群愚史诗》等,并翻译荷马史诗《伊利亚特》和《奥德赛》。——译者注

一个相接近的、相对的真相。我再次引用迪莫克的话,"达成协调,是法学家的伟大工作"。[7]

我们先提出一些对立命题,来观察它们达成妥协的过程。静止与运动相对,永恒与流变相对,稳定与进步相对。该在何处为妥协画一条线呢?"单个"与"多数"、个人与群体、群体与社会、自由与限制之间,都存在对立关系。我们所谓的法律中线在哪里呢?迪莫克说[8],"绝对的安全,意味着社会永远地停滞不前"。对此,我们可以再补充一句,绝对的确定也是一样。宪政的拥护者们会果断地抵制对自由的侵犯,但字面意义上的自由仅仅为无政府主义者所追求[9],而宪政的拥护者们不屑与后者为伍。吸引与排斥,统一与分离,作为永恒的悖论,深藏于法律体系的表层之下,潜身于构成性的原子的结构之中。"基本的对立,彼此冲撞,又相互调和。"

我对悖论命题的研究,从静止与运动和稳定与进步这两个对立命题开始。怀特海说[10],"有两个原理内在于事物的本质之中,它们以一些特定的表现形式,反复地出现于我们所探索的领域,即变革的精神与守旧的精神。没有这两者,就不可能有真实的事物。没有守旧成分的单纯变革,是一个从虚无到虚无的过程。它最终产生的只是转瞬即逝的非实在物(non-entity)。没有变革成分的单纯守旧,也不可能维续。因为毕竟,环境在不断变化,单纯的重复,会让新鲜的特性消耗殆尽"。如果生活都感受到这些相反方向的拉力,则规定生活之规则的法律也必定如此。有时,我们被告知,变革必须是制定法的工作,司法过程的功能仅仅是保守性的。但是,从历史上来看,这并不是事实,如果它是事实,那也是一种不幸。的确,激烈地与过去相撕裂,必定来自于立法的活动,但是,当前进与退步均是在法官的权能范围之内,而他们的权能又是由实践与传统所决定时,情况就会多种多样。法律既拥有适合于守旧的程式(formulas)

与判断方法,也具备适合于变革的方法与程式。如果我们将稳定与进步视为相反的两端,那么,在一端,我们拥有遵循先例的格言与借助推理逻辑工具的裁决方法,在另一端,我们拥有使起源隶属于目的的方法。一个强调对一致性与对称性的考虑,并从基本概念中推导出最后的结论。另一个允许更自由地考虑衡平与正义,考虑受影响利益对社会的价值。一个寻求最相近似的先例,并坚定地遵守它。另一个在选择支配性的先例时,认为精神上的共性而非外在的相似之处更具有意义。"司法运行中的很多工作,"[11]庞德说,"是在两种倾向之间做出妥协,一种倾向是将每个案件当做一般化的案件类型,另一种倾向是将每个案件视为独一无二。"[12]每种方法都有它的价值,对每种方法而言,在诉讼的变动中总会有适用的时刻。一种明智的折中论会同时使用它们二者。选择背后的驱动力,经常看起来与单纯的经验投机主义一样不理性。这并不意味着,对选择过程的研究没有什么用处。我们可以发现其中的一致性,这种一致性有助于在过程之中形成原则。如果法学的一般化总结并不完美且是暂时性的,则至少在发展的早期阶段,任何科学的一般化总结也都是如此。"直接被观察的事物,"怀特海说,[13]"只是——几乎总是——样本而已。我们想要推论得出,适用于样本的抽象条件也适用于所有其他的实体,而这些实体基于这种或那种理由,在我们看来属于同一类型。从样本到整个种类的推理过程即为归纳。归纳理论是哲学中的绝望命题,但我们所有的活动却都以它为基础。"法律人必须具备那种激发物理学家沉思冥想,并成功完成试验的耐心与信心。

有必要从一开始就界定一下研究的主题。我们关注的是为司法过程所形塑的法律。制定法可能会被抛于一边,除了在要求法官对之进行解释的场合,因为制定法的指令一般不会被误解,它们与其说和法学有利害关系,不如说是和立法学有利害关系。我并不是要暗示,对立法过程的研究不可能富有成果。事实上,我们中的许多人,由于受普通法传统的熏陶,对制定法并不信任,我们可能对这种不信任表示遗憾,但不会予以否认。正如人们所知,这导致这样一个解释的准则:任何偏离普通法的制定法都要严格地进行解释,这个准则让人想起弗雷德里克·波洛克(Frederick Pollock)爵士提出的制定法解释的一般规则:人们不可能对制定法做出好的解释,除非基于这样的理论,即立法机构一般会使法律变得较为糟糕,法官的任务便是让立法干预的危险尽可能地限制在最小的范围之内。[14]我记得罗斯科·庞德写过一篇犀利的文章,在这篇文章中,他揭示这种不信任在起源上目光短浅,并且其发展趋势是有害的。[15]我现在不是要沉湎于对他的批评之中,因为这与我的主题并不相关。或许对立法的科学研究,包括对它的权能与权限的研究,将使我们持一种更为明智的态度。我希望表明的一点是,此刻我们关注的只是法官的工作，关注的是从法官之手所形成的法律。当法官只是立法机构的喉舌，说出想法并执行已经明白无误地予以规定的指令时，他们的活动本质上是行政性的，而非司法性的。在出现疑问之处，司法功能才会发挥作用。

我回到静止与运动这个对立命题。我们生活在一个变化的世界之中。倘若现存的法律体系适合于今日的文明，则它不可能满足明日文明之要求。社会是变动不居的。只要社会在变动，在此种意义上，法律就不可能始终如一。运动性的力量对我们来说太强大了。我们可能认为，如果拒绝变革诸种程式，法律就会保持相同。但这种一致只是表面上的。程式已不再与现实保持同样的对应关系。当程式被转化为行为时，它就具有了不同于过往的内涵。法律不总是在固定的点之间来界定一种关系，而是经常地，确实是非常经常地，它在变动的点之间来进行界定。需要进行规制的行为与情况具有自身的运动特性。不管我们愿不愿意，都会存在变化。[16]

提醒一下爱因斯坦的理论与运动的相对性。"按爱因斯坦理论的一般表述,绝对的静止与绝对的运动对物理学而言都是没有意义的,运动只是表明物体之间相对于彼此的位置变化。"[17]倘若存在无限的空间,而在此空间之内只有一个物体,则在我们看来,运动对于该物体就没有任何意义。倘若无限空间内存在两个物体,那么,只要它们彼此之间的相对位置相同,运动仍将没有意义。有必要将与相对论相似的观念,带入到我们对法律发展的观念之中。[18]通过在运动的物体之间建立关联——以不同的速度、朝不同的方向移动,我们做出判断。如果我们基于静止不动的前提而将它们之间的关系固定化,结果往往是夸大了它们之间的距离。真正的永久性的工作在于,使我们对物体关系的陈述,与物体的新位置和新间距相对应。

在涉及海运提单的法律发展中,我发现了前述想法的一个例证。小切斯特·B.麦克劳克林(Chester B. McLaughlin, Jr.)先生是纽约律师协会的一名律师,在他所写的发表于《耶鲁法律杂志》的一篇论文中,人们会看到描述得恰如其分而又相当清晰的海运提单的发展历史。[19]起初,提单意味着在指定船只上交付货物。然而,在英国光荣革命的动荡时期,船只的往来太不确定,以致事先无法知晓或者予以载明。货物被留置在码头,汽轮公司所采取的措施是,一有可能便将它们送出。"在战争期间,跨洋运输的整个路线都被摧毁,没有汽轮公司能够预测,甚至在近期的数月之内,什么时候能够装运货物或者货物具体将装载到哪艘汽轮上。"[20]签发给托运人的文件适应这些需要,它们指的不再是在指定船只上的收受,而只意味着,货物已经在指定船只"与/或在之后的船只上"被装运。在战争结束时,因情急状况而产生的变化,为便利起见而得以维续。"适当装载的必要性与船运抵达的不规律,连同码头上与不同汽轮上的进出口货物的极大堆积",被认为"要么不可能确保由特定船只来装载,要么不可能决定装载的船只,直到将货物装载到某一汽轮,并且码头核实是否已装载特定的货物为止"。[21]古老的文件形式因而为新的文件形式所补充,一旦认为有必要,这种新的文件不承认收受了货物。法院将在何种程度上贯彻这种变化,这仍是一个悬而未决的问题。银行要根据汇票与提单来支付货物的价款。新形式的文件是否见票即可据以付款的提单呢?回答"否"的话,将使法律与传统的定义保持一致。回答"是"的话,会使之合乎实践中的用法与海洋贸易的需要。面临这种两难困境,法院倾向于回答"是"。[22]当然,事实是,如果法律所界定的关系要与所欲规制的关系(即当时的商业关系)继续保持呼应,则运输方式上的变化,使得对法律程式的修改变得极为必要。拒绝改变规则的陈述内容,将使事件的变化被夸大。修改法律的程式,并使之赶上事件变化的步调,确保了法律程式与现存的行为规范相协调。

在商人法扩张新型单据的可转让性(如果根据惯例可转让的话)的能力方面,我发现了另一个例证。[23]当然,这种能力可能为制定法所遏制,比如在纽约与其他一些州。[24]在不存在这样的限制时,发展的趋势往往更为连贯,也更为有效。在法律概念的变动与商业便利的变动之间的呼应会得以维持。

从类似的这些例证中,可得出一个有效的规则。在无法更好地进行命名之前,我将它称为使法律适应行为的对应性原则。当行为举止或商业的变化,致使与之前既有行为规范或标准相吻合的法律规则不再具有呼应性,相反却偏离它们时,那些曾促使法律与旧有规范及标准相适应的相同力量或发展趋势开始起作用,不是通过立法,而是通过司法过程的内在力量来恢复其间的平衡。

在系统阐述这个原理时,我并不是说,它能够无限制地予以适用。经验法则并没有事先告诉我们,为避免不当的偏离,什么时候事情的变化已经达到必须重构法律规则的地步。必须权衡诸多的便利因素。调查如果要准确,就必须从不同角度做出很多的观察。由此,当我们得知差距时,对原理便可了然于心。先例或形式逻辑可能看起来是指向稳定性,使法律适应于行为的对应性原则可能指向变革的路径。

前述例证都是从变化的商业形式中得出的。商业领域存在着运动变化,基于相似的理由,在道德领域也存在着运动变化。礼仪与习俗,如果我们不能将它们称为法律本身的话,至少是法律的渊源。如果赋予其选择的自由,法官倾向于选择将法律义务与社会民俗相结合的结果,这样的社会民俗是在其生活中反映出来的行为规范或标准。[25]礼仪与习俗同样是道德的来源。只要扫一眼诸如萨姆纳(Sumner)的《社会民俗》(*Folksway*)或霍布豪斯(Hobhouse)的《进化的道德》(*Morals in Evo-*

lution)这样的书,人们就会认识到,有大量的论证清楚地表明这一事实。在我们的时代,道德不是习俗的约定,也不是别的东西。毫无疑问,正如霍布豪斯明确提出的,在形成道德这一合成物的过程中,深思与模仿,推理与单纯机械性的重复,哲学与传统,都混合在了一起。[26]"当我们追随伦理学的发展轨迹时,会日益地发现,关注点从人们半机械地遵循的传统,转向基于某种确定的生活理论而审慎地重组行为的努力。"[27]"在伦理学中,习俗与理论之间存在持续与密切的相互作用,我们的主题,即伦理学的比较研究,必须包含它们二者。倘若伦理学完全处于一个人的处理权力范围内,则在一个极端,它将包含准直觉的判断,这种判断以不假思考的接受传统为基础;在另一个极端,它将包含思想家的非常深奥的理论,这些理论寻求行为的理性基础与表达生活之目标的明确程式,它还包含这两者之间的理性与半理性的影响力,随着文明的进步,这样的影响力日益努力地发挥作用,重塑习俗,审慎地以众所接受的原则——不管它是真的、半真的或是假的——来取代盲目的传统。"[28]"我们的主题必须同时包含布道者的理想以及法律人现行使用的规则。它的上限是哲学家提出的缜密、全面的生活理论。在这些极端之间,所有围绕行为而形成的判断均处于它的范围之内。"[29]"盲目地遵守习俗为对社会福利的明智意识所修正,道德义务建立在理性的基础之上。这些变化对道德法则本身的实际内容做出反应,习俗中公正与善的内容,从无关紧要或糟糕的东西中被筛选出来;纯粹的道德法典,则反过来对进步社会用以塑造其结构的立法做出回应。"[30]道德法则会影响立法,它也对法官所造之法产生影响。每一代人的道德法典,混合了习俗、哲学与每一种中间等级的行为与信仰,它提供了行为规范或标准,这种规范或标准会努力使自身在法律之中得到体现。道德规则的制裁或义务来源,据说[31]是社会对个体观念所施加的压力。[32]在法院造法的过程中,相同的压力也会发挥作用。对法官进行授权的国家,命令法官作出裁判,但是,无论在宪法中还是在制定法中,都没有系统的法典来界定裁判的方式。社会压力在大众的观念中,赋予新的行为模式以道德义务的制裁力量,相同的压力也会作用于法官的内心。这种压力最终通过他的行为,赋予新的行为模式以法律上的制裁力。

让我来寻找一些事例,这些事例表明,法官所造之法的发展如何适应于变动中的道德习俗。家庭关系法提供了最现成的例子。在普通法中,如果妻子要离丈夫而去,则丈夫可以通过武力来限制他的妻子。已经有正式的裁决(如果需要裁决来指导他的话)表明,这种权利如今已不复存在。[33]与这种权利同时消逝的是一项更为古老的权利,曾经有一个阶段,丈夫在婚姻中享有适度惩戒的夫权。道德习俗的发展,使得那些粗野的专制行为被施以法律上的限制,这种法律上的限制之后从专制行为转向其他更为微妙且难以表述的行为。虐待曾经一度等同于身体性的伤害。如今,辱骂与嘲弄,精神折磨以及身体性的折磨,都属于虐待的范围之内。[34]

不仅是对家庭而言,基本上也是对社会而言,道德习俗的变动带来了法律的变迁。对社会稳定的意义的重新理解,产生了一种新的义务观念,这种义务观念旨在遏制反社会的行为。古老的先例曾支持这样的观点,即一个有害于邻居的行为,其合法与否并不取决于行为人的内在动机。现代的判决到那时为止,已根据"冷漠的恶意"(disinterested malevolence)标准对行为的许可与否设定了边界。[35]利他主义的发展,或者如果不是这个的话,对社会相互依赖性的日益认识,构成变化的根据。当社会是以少数人的特权为基础构建起来时,可能会在对多数的福利漠不关心的情况下来行使权力。民主已经随之带来了新的景象,伴随这种新的景象而来的是新的法律。对变化施加作用的社会力量,并没有将它们的信息写入制定法的系列条文中。在压力更为有效的场合,由于为所有人所同样感知,社会力量会使变化悬置在那里。最后,所感受到的信息会成为法律。

当人们阅读英国法在其诞生地与漂洋过海的历史时,会感到这是一场史诗般的统一法律过程的运动——在所有的间歇与转换中,情节的场面与前景都宏伟地展现出来。霍尔兹沃思(Holdsworth)的叙事性研究以其不朽的全面性,让我清楚地了解到这一点。法律体系中所蕴含的潜能——古代人将会称之为"能动本原"(entelechy)——充满生机地显露出来。其中的一些内容经常会被提到,所以于我们而言很熟悉或是不再陌生。我们已经逐渐习惯于接受诉讼形式(forms of actions)的意义,并不再讶然于得知,如果违反契约的赔偿诉讼不是从侵权法中发展出来,则对价理论(the doctrine of consideration)可能会有所不同。[36]但是,存在其他的原则,并且是有分量的原则,在此,诉讼形式之外的事物,更为审慎而明白地成为生成性的力量。以在表见授权(apparent authority)的范围内,主人需为仆人的契约与侵权行为负责的规则为例。就我们所知而言,还有比这更典型的普通法规则吗？当人们第一次得知,至迟到17世纪法律已经完全不同时,肯定会极为诧异。[37]"除了在那些基于公共政策的动机而允许扩张责任的案件中,只有当主人实际上命令仆人实施某个行为,或者他通过言语或行为随后表明他认可仆人的行为时,主人才需要为其代理人的行为来负责。"[38]对于普通的承运人、仆人因火灾而引发损害的户主以及已同意做某事却被仆人弄糟的人而言,的确存在更重的责任。[39]但是,此类承担相似责任的场合,偏离了一般的规则。仅仅在大约200年之前,也就是17世纪末期,法官才意识到这样的事实:"严格的普通法原则已经完全不适应这个国家的商业情况,虽然它曾经支配主人或上级对其仆人或代理人行为的责任。"[40]他们并没有坐等立法出现。首席大法官霍尔特(Holt)在曾经为海事法院所采纳的罗马法原则中发现,需要适用类推来为前进之路扫平障碍。通过从其他体系中进行借用,加上普通法例外责任的观念的渗透,或者如果这样做的话,至少通过创设某种责任类型(不管其渊源如何),雇主的责任范围根据商业活动所固有的权限来予以衡量的现代原则,由此而进入英国法之中。[41]只有历史研究者才能记起,它并不像相关的法律规定本身那样古老。

霍尔特担任首席大法官时期司法人员所固有的权力,如今也并无削减。声称早先的几个世纪法律处于形成时期,随之而来的现代法律则已然大功告成,并不能消灭司法的权力。对于那些生活于其中的人而言,每个时代都是现代。当然,真切的是,自从霍尔特时代以来的数个世纪,许多曾经脆弱且摇摆不定的边界变得持久而坚硬。在他的时代具有适应性的原则与规则,随着先例的累积已然僵化。曾经无人居住或者未开化的法律管辖范围内的领地,已经有人居住或被开垦。然而,仍然存在未开发的边远地区,并且总是会存在这样的边远地区,在那里,分界线不确定且存在争议,即使有占领的话,也是临时的、胆怯的——在这样的边沿区域或边界地区,无法忍受不正义的人们不会裹足不前,而是将前进之路指向未曾开拓的区域。它可能鼓舞人们的精神,让他们对两个世纪之前,也就是现代转折关头蕴含于法律体系之内的创造性力量牢记于心。

霍尔特所提供的例子若只是个例的话,则其意义微乎其微。但像这样的事例还有很多。以一个世纪以后1789年所判决的案件,也就是伟大的帕斯利诉弗里曼案(Pasley v. Freeman)[42]为例。该案作出的判决意见是,侵权之诉可以基于"给他人带来损害的虚假的、欺诈性的陈述"而受到支持,"即使欺诈方与被欺诈方之间并无合同关系"。[43]格罗斯(Grose)法官提出了异议,理由是,并无先例支持"以虚假证词为依据的诉讼,除非相关证词不利于合同中的一方当事人,并且存在明示或暗示的许诺,肯定虚假陈述的内容为真"。到晚近时期,以诽谤的法律规定所经历的变化为例,在众多能被予以援用的事例中选择两个便足够。在古代,诽谤的法律规定是,如果指明诽谤言论的始作俑者,则单纯地重复诽谤的言论并不具有可诉性。[44] 普通法的世界于是成为传播流言蜚语的天堂。"这一直被认为是既定之法[45],直到19世纪初期才被推翻。"[46] 在诽谤的领域内,第二个事例更为晚近,它由规定特权的法律所提供。对司法与其他公共性程序进行公平与真实的报道,长久以来都被认为是媒体的一项特权。然而,在最初的时候,未予记录的法庭活动有时会被排除在这项特权的范围之外。[47] 涉及单方的诉讼程序也是如此。起诉或答辩的提出,至少直到它们为司法诉讼奠定基础的阶段为止,同属此列。这些例外逐渐地减少。较低级别法院中的诉讼程序被置于与较高级别法院中的诉讼程序相同的地位。[48]对单方诉讼的程序,可以像那些存在争议的诉讼程序一样,进行自由地报道。[49]最后,就在前些天,纽约上诉法院将特权的范围扩大为包含对庭审之前的开场陈述的报道。[50]"我们不妨忽视别处权威的压倒性影响力,"庞德说,"而是从与我们自己的实务经历相一致的规则出发。"[51]以一组不太引人瞩目的判决为例,为首的是最近的判决,对渎圣的法律规定与有关迷信用法的法律规定做了革命性的修改,而这些法律规定已经在英国法庭中维持了三个世纪甚至更长的时间。[52]"显而易见的是,"霍尔兹沃思在评论这些判决时提出[53],"法律推理的各种路径,使废除普通法与衡平法的古老理论的做法变得正当,并在立法机构的协助之下,驱使这些理论趋于普遍的宽容。在这其中,主导性的因素一直是公众对于国家、法律与宗教之间适当关系所持意见的影响"。从前述《社会民俗》一书中,萨姆纳爵士对鲍曼诉世俗协会案(Bowman v. The Secular Society)的判决意见中,可以观察到这一点,他的判决意见可能看起来掩盖了变革,或者贬低了变革的意义。"毕竟,"他说,"所给出的意见是否对社会具有危险性,是一个时间上的问题,同时也是一个事实的问题。"[54] 如果愿意的话,人们可以将它称为是一个事实问题,因为法律正是从事实之中产生。"法律源于事实。"[55] 真相是,对功利与正义的认识上的变化,引发了法律的变化。

其他例子也并不缺乏。[56] 有时,新的社会精神特质并不意味着有关对与错的新观念已经出现。在面对长久以来被认为有误的陈旧滥用现象时,它可能只是意味着新的不满和不安。当观察者能将法律标示为处于"形成"过程中时,也就存在转型的阶段。这是在抛弃有缺陷的教义,并努力争取更为自由的发展。好多年以来,书本上一直存在这样一条教义,在不具有特殊的保护义务的情况下,你可以冷漠地旁观,眼看着他人遭遇淹水或者火灾的危险,尽管实施救助并不会危及自身。这个规则偏离道德,肯定会引发疑虑。我们无需惊讶便会发现,在晚近的案件中,明显的发展趋势是限制甚或削弱这一规则的适用。[57]今天,我们不能说这条古老的规则已经被取代。裁判意见太不丰富。然而,怀疑主义的种子已被播下,而这样的种子经常也是衰败的先兆。有一天,我们可能会发现,旧的生理组织已然瓦解。于是,一个新的普遍化的做法就会到来,随之出现的还有新的法律。[58]

因而,前进的过程既不是一条直线,也并非一条曲线。它是一个由点与破折号所组成的系列。通过极端立场之间的接连不断的妥协,这种妥协经常是——如果我可以借用科恩(Cohen)教授的表述——"实证主义与自由主义"之间的妥协,进步会突然来临。"法律人可以对法律应当是什么的问题不予考虑的观念,源自这样的一种虚构,即法律是一个完整而封闭的体系,法官与法学家只是记录其意志的自动机器或是宣告其规定的留声机。"[59]正义的理想不会容忍"从法律理论中被放逐",也不会容忍从"法律的运行中"被放逐。[60]有人告诉我们,"现在的状况是,正义的理想已经在法律人中间丧失威望,它只是秘而不宣地受到追随"。[61]

理想主义作为法律发展的动力之一,其声誉是否真地处于如此低落的衰退阶段,对此我存有疑问。如果让我根据潮汐的术语来陈述状况,我会说,涨潮的季节即便不是已经到来,也是近在咫尺。[62]就我所观察到的景象而言,司法中的理想主义,多年以来较过往更为清晰地意识到自身的存在。尽管一度受到掩盖,像德国的施塔姆勒(Stammler)与法国的惹尼(Geny)这样的法学家,已将之明白地揭示出来。无论它的声誉如何,也不管在过程中是否秘而不宣,对于它的影响力,人们几乎不可能存有疑问。你可以用各式各样的镣铐来束缚法律。卓越的大法官总是有办法让它获得自由。即使在依据法典所建立的体系中,也是一样。在我们这样的体系中,就更是如此。即便是在法典式的体系中,仍有很多东西是法律没有明说的。这陈述了一个一般的原则,并且交由法官来完成填补空隙的任务。[63]此时,公正之法(just law),也即借此使正义获得实现的法律,构成法官的指南。实证法确实可能践踏正义之法。"我们必须始终记住,"施塔姆勒说,"只有在实证法给出指引的那些场合,法官才有权直接引入与践行公正之法。"[64]但是,这种指引既可以是暗示的,也可以是明示的。"实证法可以通过明确的指令,或者通过沉默的方式,来赋予其这项职责。"[65]在法律出现沉默的情况下,我们必须求者法律本身的基本思想,"强制性地努力实现正义"。[66]然而,对正义之法的参照经常是明确的、无可反驳的。举例来说,《德国民法典》第242条的条文规定[67]:"债务人有义务诚信地履行债务,并尊重商业惯例的要求。"在《法国民法典》中也有类似的条款。[68]当公正之法占据上风时,不应将它理解为是不同于实证法或者与实证法相背离的事物。它本身就是实证法的一个方面,一个分支,一个组成部分。对此,施塔姆勒竭力准确地阐明相关的论题。他说[69],"对于实证法与公正之法的概念",存在一种普遍的"误解"。对许多人而言,"在实证法与某种无论如何不是法律的'伦理性事物'之间似乎存在着区别。事实并非如此。我们所做的区分存在于法律内部。它指的是据以决定'实证'法'内容'的方法上的差异。它们只是实证法意欲实现其基本目的时所运用的不同手段。相应的,'诚信'并不处于实证法之外;更不要说是与实证法相背离;但是,它构成实证法用以决定其内容的工具"。

如果一个法典无法回避借助道德规范来补充其命令规范的需要,我们可以确信,普通法的法官拥有更大的自由来使用同样的发展工具。他们发展的整个体系,建立在法律是社会道德的表达的假定之上。曾由先例所确定的东西,不会在一夜之间变得不稳定,因为确定性与一致性是不应被轻易牺牲的价值。当诚信之人根据对公示规范的信任而形成其行为时,这一点尤为正确。另一方面,对先例的遵守不应变成一种盲从。随着岁月的流逝,先例与社会的精神特质之间的差距可能会变得如此之大,以致若是终结这种分离状态的话,只有善用诡计的骗子才会感到失望。而且,在遵从先例与推翻先例之间存在许多中间性的阶段。社会道德的压力,即便不足以抹消过往,也可以为未来指明方向。糟糕的先例可能仍然留存,但已经丧失影响力并受到削弱,危害能力很小。当新的情势迫切需要援用合适的类推时,即便新因素很少,这样的判例也会有意地被忽视。其他类推的情形将会出现,也许不太精确,但却更适合道德发展的需要。这样的力量会持续地加强,直至恢复先例与正义之间的平衡。

第二章

正义的内涵·价值科学

　　如果在塑造法律的发展道路上,有正义的立足之地,则知晓正义的内涵将对我们大有裨益。"我们所寻求的,不单纯是个人所受到的按法律规定来决定其个人权利与义务的那种正义;我们所寻求的,是法律在其形成之中应当遵循的正义。"[1]施塔姆勒在他的《正义理论》(*Theory of Justice*)著作中,对正义之法与道德做了明确的区分。他持的是康德主义的观点,即道德涉及内在意志的纯洁性[2];相反,正义之法则与外在的行为相关。由此出发,他主张[3]:"在时间的长河中,不管人类在伦理上的完善能够进步到什么程度,总是会存在社会生活的合理规则,此类合理规则作为特定的研究客体而存在。技术发展的各类可能性、特性与能力的变化,以及世界不同地区外部的生活条件,所有这些都为必须受到规制的合作提供了特有的基础。这种规制构成独立方法与研究的对象。如果我们想要获得最终的结果,对于纯粹技术性的经济,便无法直接依据善意与完美品性的原则来进行管理。我们所面临的问题具有这样的性质:必须首先借助针对外部行为的规则来掌控它们。"当然,其他的伦理学研究者反对康德主义的原则,即行为内在或者其本身并不具有脱离于行为人意志的伦理性。斯宾塞(Spencer)指出[4],"很多人将伦理学的关注主题理解为可招致赞扬或谴责的行为。但是,伦理学首要关注的主题是,客观上对自身或他人又抑或二者产生良好结果或糟糕结果的行为"。这是边沁的论题:"不管动机好坏,要考虑的只是它们的结果。"[5]因此,如今以英国新现实主义闻名的思想家流派中——乔治·摩尔(George E. Moore)是其中的著名代表,善被认为是一种终极的、客观存在的实体。[6]按照此种观点,如施塔姆勒所构想的正义之法,就会变得与道德之法完全重合,或者与道德之法中界定正义之法特性的大部分内容相重合。

在这些相互冲突的思想流派中进行选择,或者就像有人已经努力在做的那样,探索一条折中的和解之路,利用每个思想流派中的真理性成分,同时避免他们的共同谬误,我必须将这样的任务留给伦理学的研究者们。[7]法律科学的研究者将依靠为法律所熟悉,同时对哲学而言也并不陌生的方法。德国哲学家汉斯·法伊亨利尔(Hans Vaihinger)写了一本他称为《"似乎"的哲学》(*Die Philosophie des Als Ob*)的著作。他说[8]:"我将这本书命名为《"似乎"的哲学》,是因为在我看来,它比我原本想要说的任何其他可能的标题都更有说服力地表明,'似乎',也就是表象或者意识中虚假的东西,在科学、世界哲学与生活中均扮演着非常重要的角色。我原本想要完整地列举,所有人们有意地运用意识中虚假的观念或者说是错误的判断的方法。我原本想要揭示这些特殊方法的秘密实况。我原本想要提出一种完整的理论,一种解剖生理学,或者确切地说,一种关于'似乎'的生物学。"举例来说,亚当·斯密是一位"似乎"的哲学的信徒,他将政治经济学建立在经济人的假定之上,认为经济人受利己主义的激励而不受所有其他动力的影响,尤其是受利己主义中指向经济利益的特定因素的激励。然而,没有必要偏离我们自己的法学领域,而去法学之外的领域里收集例证。法律对于"似乎"的哲学也并不陌生。它的许多理论都是通过假装事物具有其本不具有的特性而建立起来的。我暂时将拟制的那些比较粗糙的形式放在一边,它们在法律世界中起着一定的作用;比如,不容反驳但人们明知其并不真实的诉状中的陈述。在很大程度上,它们是推进司法目的得以实现的设置,可能显得笨拙,有时还具有冒犯性。确实,马修·黑尔(Matthew Hale)爵士的父亲放弃了法律实践,"因为他无法使自己的良知与相应的制度相协调,这种制度为给诉讼程序'增色加彩',而允许在诉状中添加虚假的陈述"。[9]拟制的那些形式已经过时,但甚至到现在,准契约、养子与推定信托仍然存在,它们全都生机勃勃,见证今日"似乎"的帝国之存在。然而,我特别想要关注的是另一种拟制的类型,这种拟制是思维的有效工具,有时会被掩藏起来,直到反思与分析将它带到人们的视野之内。正如政治经济学中有经济人的设定,法理学中也有理性人、过失之人、以及更切合我们刚才所探讨之主题的——道德人的设定。在晚近的一篇论文中,埃杰顿(Edgerton)教授重新审视了对主观过失与客观过失进行区分的各类权威性文献。借助大量的例证,他发展了这样的论题:"过失既不是漠不关心(indifference)、漫不经心(inadvertence)或者任何其他的心理特性、品质、状态或过程,也不涉及前述各个内容(或'以之为先决要件')。过失是不合理地具有危险性的行为,也即,反常地很可能引起危害的行为。不存在过失(通常称为'合理注意')并不要求存在注意或任何其他的心理现象,而只是要求行为人的行为具有合理的安全性,即像正常人的行为那样几乎不可能引起危害。"[10]法律对道德而言维持了客观的外表,它将道德规范占为己有。当意志或故意构成不法行为的本质时,单纯的意志可以作为免责事由而存在。[11]即便道德理想也是法律的标准,法律也并不直接等于对道德理想的实现。在行为人被认为"似乎"具有正常的意志力与理解能力时,道德价值的法律模式是,在任何给定情境下行为都要合乎道德。法律的要求则可能低一些,尽管它追求的东西并不更少。在构造其理想方面,法律所仰望的东西并不更低,或许也并不更高。

让我回到作为法律规范之正义的定义问题上。跟为伦理学理论所熟知的正义的特性相比,这种定义可能较窄或者较宽。从我的角度而言,我认为它在很大程度上指的是道德,这种道德也就是被认为借助法律制裁可得以明智且有效贯彻的法律思想。在此,从施塔姆勒的阐述与分析中,几乎得不到任何帮助。对他的理论进行归纳总结将无济于事,因为没有足够的事例,其理论的意义便难以理解。[12]他所提出的正义的定义,并不缺乏提示性的力量。然而,这种定义太模糊、太抽象,难以为有缺陷的想法提供有力的支持。[13]我以为,当法律采取另一种更为实用与归纳式的路径方法时,它会做得更好。寻求这种方法之事例的人,将会在法国列维-布留尔(Lévy-Bruhl)与英国霍布豪斯的作品中找到它们。[14]列维-布鲁尔提出:"在任何特定时代,任何特定社会的道德,无论是从静态的视角还是动态的视角,都是由其整体的条件来决定的。"[15]"社会正义如果不是一个持续进步的过程,也是一个'逐渐形成'的进步过程。"[16]"因而,道德理想的内容是想象、传统与对社会现实的观察所得的混合体。"[17]在霍布豪斯那里,我们已经了解到相同的思想。道德理想的标准,是刺激与习性之间相互作用的产物[18],也是习俗与反思之间相互作用的产物。

归结而言,在特定地方与特定时代被普遍认为是道德或不道德的一些行为形式,受到理性、实践与传统的综合影响。如果要求我们对导致其这样被定性的准确的特质来进行界定,会发现很难给予回答;在界定其他抽象的特质时,即使非常熟悉,也会发现存在相同的困难。因而,受到歧视对待的行为形式,并非在任何时代或任何地方都相同。当法律要对既有社会中的行为进行规制时,它会将该社会的道德当做正义的模式。话虽如此,我们并非是要无视不确定性远未消除的事实。道德不只是在不同的社会中会有所不同。即便是在同一社会中,道德基准对于所有的组成群体也并非一样。在一个群体的道德标准与另一个群体的道德标准之间,仍然需要进行选择。我们仍旧不得不面临这样的问题:在何种基准上,社会压力会足够强大而使道德规范变成法律规范?我们所能断言的是,这个边界会比道德原则与实践的最低基准要高,同时要比最高的道德基准要低。法律不会让大众去遵守圣人与先知的道德。它会遵循或努力遵循,社会观念认为明智且具有美德的普通社会成员的原则与实践。

于是,问题在于,法律所追求的正义,是与一般意义上的美德相一致,还是与美德的某个面向相一致。人们已经做了很多的努力,以使正义的特性脱离出来,并在剥离其他形式的美德的情况下,来使之成为法律的理想。[19] 柏拉图从正义之中看到了心灵的和谐,后者使得正义成为由一般意义上的美德所构成的东西。[20] 亚里士多德将美德看成是极端之间的中庸之道,在正义之中只看到美德的一个面向,即每个人都获得他应得之物的德性。困难只是被掩盖起来,因为必须对应得之物进行界定。[21]亚里士多德并没有止步于单纯的合法性的概念。尽管如此,法律的理想因而被认为是受到限制的、同时也蕴含更多东西的正义。在亚里士多德处理这个主题的论述中,具有重要意义的是,涉及他描述为合法性以外的正义这一正义类型的章节[22],正义为理性所补充,法律为衡平所补充,规则由合乎人道的例外所补充。"有关正义的这部分学说,成为希腊哲学中最富有启发性的部分之一;它具有悠久的历史,并对现代法律理论的发展发挥了重大的影响。"[23]在论述其他美德的《伦理学》(*Ethics*)一书的相关章节中,我们可以发现相同的思想。亚里士多德说:"真正公正的那个原则,被认为是友谊性的分享。"[24]四海之内皆兄弟也。

在现代的论者之中,斯宾塞宣称正义的公式是:"每个人自由地去做想做之事,只要他没有侵犯他人的同等自由。"[25]这种定义实际上是将正义等同于自由。施塔姆勒在其对正义的分析中[26],像在他之前的亚里士多德那样,引入了体谅或宽容的概念,但他终结于康德式的自由发展与自由行动的个性的理想。在我们自己的法律体系之中,所诉诸的标准有时称为正义标准,并且,它是作为与良知相一致的公正、公平之物而存在。[27]

一个如此博大的理想,不可能再被纳入到对债务人与债权人之间关系的类比叙述之中,即将正义视同于等价交换。正义的法律规范与道德规范一样,或许比道德规范更多地在自身之中加入有时与正义形成对照的一些特性,比如仁慈或同情。[28] 粗心支付的人本身就该为其困境受到谴责,即使损失非常巨大。尽管如此,当客户超过其账户额度而签发支票,而银行又错误地进行支付时,银行有时可以从作为善意第三人的收款人处收回钱款。[29] 所有权会因令人同情的过失或差错而被剥夺。面临紧迫需要而将所继承的遗产予以贱价出卖的人,知道他的出卖会使他永远放弃了预期的权益。尽管如此,买受方可能被强制要求(至少在很多司法区)非自愿地慈善捐献,使其不能利用卖方的紧急状况而乘人之危。[30]对于被要求离开而仍然滞留的来访者,或者甚至是未经许可而擅自闯入的侵犯者,合法占有土地的人,可以赶走此类不受欢迎的人员。尽管如此,如果来访者生病,将他驱逐会变得危险,或者如果侵入者在暴风雨中将其船只停泊于码头以寻求庇护,土地所有人的特权便会消失。[31]在有效期限届满之后继续占据建筑物的人,房东有权选择将其当做签订另一年租约的租户。[32]尽管如此,在租户生病而搬离将给其带来危险时,房东不允许依据逾期占据房屋的行为而作出前述选择。[33]夏洛克诉求正义,波西娅却让我们知道,无论在多大程度上掩身于对契约进行严格解释的旗帜之下,法律规范事实上并不会无视仁慈的特性。[34]在救济涉及法定且可强制执行的权利时,这偶尔为真;当救济依据自由裁量范围内衡平的、可强制执行的权利时,就更是如此。"合意即为法律(*uti lingua nuncupassit, ita jus esto*)"的格言,构成合同法的基础。[35]这才是根本,尽管连篇累牍的书面材料显示,救济乃是通过伶牙俐齿而获得。在其他的情形中,仁慈的要素体现得更为明显。合同在没有欺诈或者强制的情况下订立,而情势变更给合同履行带来困难。对此,大法官拒绝给予救济,驳回原告明知是无效的损害赔偿主张。通过将实施善举当做一项责任,正义再一次地得到了实现。

规则必须具有灵活性,它会将事物变动的内容容纳在自身的边界之内。作为法律规范的正义,并非特定情境下总体道德行为中的某个固定或确定的方面。另一方面,即便从客观的角度来考虑,正义也不是作为整体的道德,而是特定时代的思想与实践认为适合给予法律制裁,因而从一般的道德中划分出来的道德。[36]这与耶利内克(Jellinek)所提出的理论不无相似,尽管存在一些不同。在他的学说中,"法律是最低限度的伦理,也就是在社会发展的特定阶段绝对不可或缺而必须予以遵守的整体的道德要求"。[37]如果我们以"正义的法律规范"这样的术语来替代"法律"的概念,与事实真相也出入不大。我并不是说,法官有权力一步到位地使现行法律合乎当下的理想。甚至到现在为止,进步可能都意味着过于激进的创新,这样的创新无法在没有立法帮忙的情况下,于旦夕之间完成。我的意思是,理想就在那里,虽然任何时代的法律总是会落后于理想。如果可以从水的法则中借用一个比喻,则法官的工作与其说是陡变的过程,不如说是侵蚀的过程。这里侵蚀一点,那里侵蚀一点。之后,我们环顾四周,分明地看到,荒废之地已被重新开垦。[38]法律中的惯例得以发展,是受到与形成一般习俗相同的力量与方法的影响。霍布豪斯在他的《进化的道德》中说[39]:"我们知道,当个人在这里延伸一点,在那里对某个先在事例进行新的适用,习俗就这样在不知不觉中变化、成长与消失。我们能够看到,无数种力量的相互作用,在人们意识到之前,如何促成习俗的蜕变,并形成一种新的传统。"法律的成长也是这样。法官为回应道德上的需求,在这里延伸一点,或者在那里对某个判例进行新的适用。新的传统不久就会出现。人们发现,曾被仅仅视为道德的、除社会舆论之外缺乏其他制裁的义务,可能有效而明智地面临另一种制裁形式,即社会的力量。道德规范与法律规范于是合而为一。

尽管存在一些差异,将正义理解为法律化的或可法律化的道德的观念,与密尔所分析的正义观很相似。在他的"功利主义"(Utilitarianism)的文章中[40],密尔说:"现在,人们知道,伦理学家将道德义务分为两种,用不太适当的措辞来表示,即完全义务的责任(duties of perfect obligation)与不完全义务的责任(duties of imperfect obligation);后者是指,虽然行为是义务性的,但履行义务的特定场合留给我们自己来决定;正如在慈善或施惠的场合,我们的确有义务去实践,但并不是对任何限定的个人，也不是在规定的时间去做。用法哲学家们更为精确的语言来说，完全责任的义务是指这些义务，即针对此类义务，某人或某些人存在一项相关联的权利；非完全责任的义务是那些并不产生任何权利的道德义务。我想，人们会发现，这种区分同正义与其他道德责任之间的区分恰好相一致。在我们考察有关正义的各种流行的通用意义时，这个概念一般看来是包含了个人权利的观念，即向一人或多人主张的权利诉求，就像当法律赋予所有权或其他法定权利时所提供的那样。不管不正义是在于剥夺某人的财产，或者对其背信弃义，或者没有按其应得的来对待他，还是同等情况受到较差的对待，在每种情形中，这样的假定意味着两点，即已实施的不法行为与被不法对待的可确定的某人。给予某人较其他人更好的待遇，也可能存在不正义；但在此种情形中，不法行为是针对他的竞争者，后者也是可确定的个人。在我看来，此种情形中的这个特点，即某人所享有的权利与道德责任相关联,构成正义与宽宏大量或乐善好施相区别的特定之处。正义不仅意味着,做是正确的而不做是错误的,而且意味着,某个个体能够向我们宣称这是他的道德权利。"密尔继续指出:"对于我们的宽宏大量与乐善好施,没有人拥有道德上的权利,因为在道德上,我们没有义务对任何特定的个人实践这些美德。"然而,正如我试图表明的那样,有些时候,也就是当乐善好施的美德丧失其不确定的特性,而意味着存在一项相关的权利诉求的时候,我们有义务去实践这些美德。在此种意义上,它被归于正义的范畴,并成为法律规范。

任何时候,当人与人之间的关系被组织成为具有法律特性的关系时,法律界定的义务与道德界定的义务会越来越趋于同化。法律不会命令富人救济穷人,只是有时,它仍会对乘人之危的强权施加限制。法律也不会要求人们承担善待邻居的义务,但它会强制人们履行善待妻儿或学生的义务。然而,我们观察到,曾经模糊的、未经组织化的从而缺乏法律特性的关系,可能会变得明确而有组织化,并由此而在之后形成权利与义务的关系。一种新的关系可能得以确立,有时则是既有的关系得以扩张。在很多年里,人们强调关系的相对性(privity)。在缺乏这种关联属性的情况下,曾经有一个时期,法律并不承认为道德所承认的义务。晚近的判决使这种关联性变得不那么重要,并将这种关系拓展到对同伴的义务。[41]为顺应道德的迫切需求,法定义务的范围已经有所扩张。在判定土地所有者对冒失的年轻人承担特别义务的判决中,我们看到了相同的推动力。[42]在近来有关年幼之人无责任能力的观念的案件中,我们也看到了这样的发展趋势,此类案件中,如果简单僵化地维持既有的观念,将会带来不正义。[43]在通过逐渐拓宽受邀人的范围,从而扩张对被许可人甚至是侵入者的义务的趋势中,我们也看到了道德的推动力,尽管此种趋势还几乎处于萌芽状态,但已经可以为人们所察觉。[44]在强制概念引人注目的发展中,我们也看到了它,今天,这一概念已经足够宽泛,可对长期被列入无罪过范畴的不公与压制的形式提供救济。[45]的确,立法有时也会推进此类运动。在普通法上,如果邻居单纯基于骚扰的意图而妨碍采光与空气,土地所有者在普通法上曾经无法得到救济。[46]反对恶意妨碍的制定法确立了邻里之间亲善的义务。[47]不过,有些领域相差不远,并不需要出台制定法。在经济性的竞争中,商人或店主为谋求自身的发展,可能会对竞争者做出刻薄的举动。但若是他完全出于恶意的动机,即单纯想要置对方于死地,就走得太远了。[48]

这就是当前所做的区分。我们必须谨记,不要假定这些区分具有终极性。施塔姆勒在论及《德国民法典》时[49],坚持认为正义的规则应当不只是禁止基于恶意的不友善行为。在他看来,当实施善举对行为人没有损失或者损失相对而言微不足道时,应当存在行善的积极义务。毫无疑问,道德规范不会满足于更低的标准。法律规范能够像道德规范要求得那么多的时代可能会来临。因为由社会习俗(the mores)造成的持续压力所带来的转变,就像诗人的梦想所构想的变迁一样。他一觉醒来,发现美梦成真。当我们还在梦想的同时,法律正义的标准就已然发生了变化,并植根于新的土壤之中。我说的标准是指正义的标准,但它是宽泛意义上的正义,也就是为仁慈或宽容这种更为温情的美德所修正的正义。法律规范在如下意义上与道德规范相一致:道德规范会给社会观念施加强大的压力,而不满足于单纯的社会舆论制裁。所引发的回应或反应以社会情绪或信念的形式出现,由此而产生这样的要求,即社会舆论的制裁应该为社会权力的制裁所强化。当这种压力强大到无法再行抵制时,法官就要发话了。因为他们是社会观念、社会意志、社会期待,以及社会愿望的诠释者。[50]

法官会告诉我们,行为观念的规范与标准,在何时已借助习俗或道德的力量而被足够地组织化,从而应转化为法律。维诺格拉多夫(Vinogradoff)在其有关《习俗与权利》(*Custom and Right*)的演讲录中说[51]:"每一天,人们在所有可能的方面都会提出诉求,在这些诉求中,会形成有时被称为自然请求或道德权利的东西。一个将利益授让给他人的人,即使没有某种作为债权人的有效的书面凭证,也可以正当地说,他有权要求对方表达谢意或提供对等的服务。这样一种道德上的诉求,若要变成法律上的权利诉求,就必须经历第二个阶段,即权利宣告阶段。权利宣告是组织化的社会所做出的一种认可,即相关的诉求从公共的角度而言具有正当性。"[52]在此类事务上,组织化的社会可以通过立法机构的代表的声音来进行表达。它也可以通过法官的声音来表达,至少在我们盎格鲁-美利坚的体系中是这样。"观念与习性的逐渐巩固"[53]将发挥其作用,法律的制裁被附加于观念与习性的制裁力之上。

我说过,法官是"社会观念"的诠释者。这样的表述形式,可能会引发很多的字义之争。我并不想招来争论。在社会理论的研究者之中,有一些会将社会观念看做是在其成员的观念之上外加的东西。[54]其他研究者告诉我们,社会观念——如果我们非要用这个术语——只是社会中个体观念的总和。[55]或许,当我有机会讨论个人与集体这一对立命题时,我的观点会更为清晰。我暂时将一元论者与多元论者之间、唯名论者与唯实论者之间无止境的纷争抛开不论,以免将此处的纷争再强加于众多的残杀场合之上。就当下的讨论而言,社会观念是要被当做统一的还是多元的,我们可能并不在意。就让它只代表一个机构或一些机构,不管它们是多元的还是统一的,公共舆论是从它们之中形成的一个产品。李普曼(Lippmann)教导说,这种产品经常带着伪造的标记或符号被置于我们面前,有时要认清它的性质并不是一件容易的事情。[56]近些时候,杜威(Dewey)博士在他的"公众及其问题"的讲演录中,也在宣讲相同的经验。的确,"公众"这个概念具有模糊性,因为人们所评价和关注的想法,并不是大众的草率或未经思考的感想,而是他们之中一些人的想法,这些人的感想已经发展成为真正的观点。[57]李普曼说:"我所认为的'公众',并不是一个由个人组成的固定团体。"[58]吉丁斯(Giddings)也要求我们明确区分"公众舆论与流行的观点及信念,并将公共舆论界定为对社会判断的批判性思考"。[59]舆论并不是老生常谈,至少不是任何法律所固有的东西。"一种正确的想法,无论它是来自政治家才能、科学、道德还是别的什么,可以将其他所有的意见融合为自己的观点。"[60]我们并不是在能干的想法与愚蠢的想法之间算出一个平均数。[61]如果公共舆论不是老生常谈,它更不是一种草率的先入之见,突然产生的念头或一时之间的古怪想法。相反,我们要将舆论理解为"占主导地位的强势意见",这种意见有时有能力将愿望转变为法律。[62]公意必须使自身在足够长的时间里,并以独特的方式为人们所知,以获得稳定性与权威性。[63]

我并没有低估原初规定的盲目性,谨慎解读其性质的必要性,以及每个注意规定在形成与被遵从的过程中产生错误的多种可能性。无论多么困难,任务就在那里,人们必须尽己所能地去完成它。面临程度上而非类型上存在意见分歧的问题,立法者逐步地进行解决或试图解决,获得了不同程度的成功,但至少,他们并没有一开始就想要予以放弃。阅读查尔斯·比尔德与玛丽·比尔德(Charles and Mary Beard)所写的《美国文明的兴起》(*Rise of American Civilization*)这样的书籍,会看到波涛汹涌的社会力量,如何将小派系之争的涡流与党派政治的潮流冲到一边,或是将它们卷入到更大的运动之中。[64]最为特别与重要的措施,依照超越派系或党派界线的压力而形成;这些措施已变成综合的、非个人的意志的表达。有些时候,会有很多的声音召唤法院去浏览生活的画卷,并将其阅读心得公之于世。

在讨论法律规范以及通过司法过程的方法来逐渐发现与构造它们时,我已将正义的性质问题单独提出,并对它进行审视,就仿佛对正义的理解与宣告的探究是独一无二、非同一般的事情。事实上,这种探究只是更为广泛的努力的一个侧面,是更为深远的运动的一个阶段,是更为宏大的整体的一个片断。在揭示社会观念的过程中,我们读到了法律正义的性质。在同一本书中,我们也读到了所有社会利益的价值,包括道德的、经济的、教育的、科学的或者美学的。价值科学或价值论这一新科学,正引导社会问题的研究者们正确地阅读这本书。已有丰富的文献可供参考。像布格勒(Bouglé)的《价值的进化》(*Evolution of Values*)(Sellars 女士做了很好的翻译),佩里(Perry)的《价值的一般理论》(*General Theory of Value*),以及厄本(Urban)的《价值评价及其性质与法则》(*Valuation, Its Nature and Laws*)这样的著作,在众多文献中还能提出一些,它们对社会成员在利益冲突或竞争中赋予或应当赋予的价值进行分析、解说、归类与分级,正是这些利益冲突与竞争使人们的生活变得丰富充实。

意见分歧在此间自然会有,正如在几乎每一门科学中都会存在的那样,至少在早期阶段是如此。只要价值单纯是主观性的,就会发现很难对其展开争论,就像人们争论个人的口味那样。[65]然而,尽管价值有其主观的一面,它在很大程度上是在外部力量压力的影响下形塑而成的。价值看起来是最私人化的,但至少部分地是社会化的产品,是集体生活的产物。的确,有一些论者,比如涂尔干(Durkheim)与布格勒,有时会将主导性的角色归于社会的创造性力量,不管价值的评估初看上去显得多么的主观。用布格勒的话来说,社会"本质上是观念的缔造者"。[66]"那些被称为价值的神奇之物的特点,要由其属性,由产生自人的集合的特有力量来进行解释。"[67]"价值判断是基于功能而形成,并非事物的自然属性,而代表的是生活在社会之中的人们的愿望。"[68]其他的论者虽注意到动力源自于外部,但更为强调个体性的、私人的力量。[69]另一方面,当需要评估的价值是客观地予以考虑的价值,尤其是,当问题涉及对多样或竞争性的价值的偏好时,就要更为充分地认识到,社会因素无处不在。厄本告诉我们[70]:"一种主观性的价值,当它在某种意义上与社会价值相连接或者可转化为社会价值,就会被说成是现实的,就具有了客观的基础。"他争辩说,这确实不是最终的检验标准,但他承认,真实的主观性价值,绝大部分能用社会的——也就是可解读为社会客观性的——价值来替代。[71]对布格勒来说,社会因素甚至更为重要。他采纳涂尔干的思想,告诉我们说:"价值的客观性缘于其强制性,而价值的强制性缘于其集体性。"[72]

在我看来,所有这一切对司法过程的研究者均具有意义。通过对社会观念的阅读而发现自身道德价值的法官,追寻着一般性价值得以产生的同一渊源,查阅着向我们所有人展开的同一本书。但是,需要注意的第二点是,正义或道德价值只是众多必须以相同方法来进行评价的诸多价值中的一种。其他不涉及道德的价值,包括权宜的价值、便利的价值、经济的价值或文化进步的价值,许多价值都不是终极性的,而只是达成其他价值的手段,它们需要被确定、评估与权衡,越重要的价值,应当越少被牺牲,所有价值都服从于类似的检验标准,法官所认知与解读的社会思想、意志与愿望提供了相应的标准与尺度。庞德告诉我们,"在任何时候,在法律秩序所涉及的所有妥协、调整与和解中",法律人的目标应该是,"尽可能多地实现社会的整体利益……妥协与调整是要以最小的牺牲,获得对社会利益的最大限度的保障,它们必须通过试错的过程来寻求"。[73]在这一切中,人们必须提防单纯私人化的、主观的价值论。一般而言,法官要推行的不是他自己的价值尺度,而是他在解读社会观念过程中得知的价值尺度。尤其是,他不被允许用自己的解读,来取代立法机关在合乎宪法制约的情况下,借助制定法的规定所作的解读。[74]我们可能会怀疑,是否存在这样的时期,受到未满足客观性要求的价值论影响的制定法,会被指责为无效。然而,这样的时期是很多的,即缺乏立法规定来指引法官对生活方式之书的解读。在这些时期里,他必须尽己所能地理解他人的心智与精神,依据由此揭示的事实来形成他对价值的估测。客观性的标准可能无济于事,或者可能混乱得使他迷失方向。这样一来,他就必须观察自己的内心。[75]

我说过,司法是在稳定与运动之间进行妥协的过程。正如亚里士多德学派所指的中庸之道一样,通过像在数学运算中那样计算出居中的比例数,无法找到妥协之路。[76]如果两个极端代表的是既定争议的可能的解决方案,则通过拒绝两个极端,认为其当然地不可接受,并寻求中间之路,我们并没有给出真正的解决方案。很多情况下,一个极端标示着一条可予选择的道路。将所谓的妥协描述为协调,或许要更为准确。通过对利益进行衡量,并依据法律目的对其价值进行评估,才得以做出选择。即便如此,这不是在稳定与不受制约的运动之间所作的选择,而是在稳定与为职业化技术的古老传统所调和的运动之间所作的选择;它是侵蚀,而不是突然的陡变。[77]

思想家们抱怨正义缺乏任何公式,由此,在价值之间产生冲突时只能由优先顺序来决定。并不存在能够化约得出的公分母。一般而言,我们可能说,在存在冲突的场合,道德价值优于经济价值,而经济价值优于美学价值。不过,决疑论会发现存在重叠与例外之处。我们建设摩天大楼,尽管较小的建筑物可能对于建造者而言会更为安全。我们经营铁路,尽管若是满足于较慢的行驶速度,本可以使诸多的生命得救。我们开展飞机的试验,尽管飞行员会面临死亡的风险。即便在这些情形中,对道德价值的漠视也不像表面看来那么清晰。道德上的收益或者广义意义的文化上的收益,经常是间接获得的,或者要经年之后才会出现。摩天大楼给予许多人以经济上的机会,缺乏它的话,这些人将感到匮乏。铁路带来食物、药品、知识与许多其他有价值的东西,若是迟延便会丧失价值。飞机提供了众多超出想象的可能性。无论如何,在探求客观地评估价值时,法官无力确立阻碍文明向前发展的标准,因为文明是被认为具有特定的时空性的。个人的偏好必须让位于不可阻挡的社会压力。的确,布格勒坚持认为,在其所谓的"多重论"[78]中,能够发现对明显冲突的价值进行调和的做法。相同的手段能服务于多重的目的。[79]在价值科学的当前发展阶段,这幅图景可能看起来显得过于乐观。但是,如果说法官不可能阻碍文明的进程的话,他有时确实可以做一些事情来调节文明发展的步伐,减少其间的残酷性。法律不会阻止摩天大楼的建设,但它可以要求能够减少伤亡人数的安全设备。法律不会阻止铁路的运行,但它可以要求信号灯与看守员,在十字路口升高或降低路基。经济价值与美学价值之间,甚至也可以进行调整。土地所有者不会受到强制,迫使其放弃对土地的任何有偿使用,但在一些司法区,是否不允许对设立不雅观标识的做法施加限制,至少是一个开放性的话题。[80]在此,它经常只是一个程度的问题。"法律在武力面前保持沉默。"法院的命令无法阻止战争的爆发,但它能够制止骚乱、纷争或野蛮而贬损人格的暴力竞赛。[81]作为法官,我们的职能不是改变文明的进程,而是对它进行规制,并使之有序进行。生活之书在变化,今天向我们展示的价值,可能就会与明天展示的价值有所不同。

前面我刚说过,不是在稳定与不受节制的运动之间进行选择,而是在稳定与为职业化技术的古老传统所调和的运动之间进行选择。在遵循这些制约的同时,法律工作者常常会对法律弹药库中的武器一应俱全,留下深刻的印象。一再地,当人们身陷困境,只要慧眼独具,会有诸多的原则、先例与类推可供使用来服务于正义。它与科学家的预言不无相似。他的实验,由于具有见识力的假设的闪现而变得有意义。因为法律的创造性过程,当然还有一般科学的创造性过程,与艺术的创造性过程相似。想象力,不管称它为科学的想象力还是艺术的想象力,对每个人而言都是创造的才能。格雷厄姆·沃拉斯(Graham Wallas)在分析思维的技巧时,富有洞见地将之描述为预备、酝酿与阐明的连续性过程。[82]学习的确必要,但按济慈的说法,学习只是想象跃至真理的跳板。[83]法律有它穿透性的直觉,有其紧张、灵光乍现的时刻。我们将原则、先例与类推收集起来,有时甚至还包括虚构之物,要求它们产生活力,以最佳地实现法律的目的。如果我们的魔杖做出预示性的探索,很少会一无所获。因此,无论多么深思熟虑与花费工夫,相关的结论经常最终只是幸运的发现物。[84]沃拉斯写道[85]:"我曾经问我所知道的最好的管理者,他如何形成决策,他笑了,第一次泄露了让他不好意思的秘密,说道:'哦,我总是凭感觉来行事。总是靠算计来决策,那并不好。'当我又问一个美国法官,他因其技能与公正而受到广泛的尊敬,他也笑了,并说,在全身心地听取所有证据,并尽其所能仔细地理解所有的论据之后,他一直等到有某种'感觉'时才作出决定,要是人们知道这一点,估计他会被当街丢掷石块。"他省略了预备与酝酿的步骤,或者至少是将它们视为与随之出现的心理状态不太相关的过程。"当结论就在那里,"威廉·詹姆斯(William James)说[86],"我们总是忘记达成结论之前的大多数步骤。"

人们可能会认为,法律大厦中的材料竟能依据正义的形式进行不同的组合或重组,这一点显得奇怪。理由不难发现。不正义的根源之一是概念的专制。[87]当人们将概念当做真实的存在,并冷酷地无视结果对其逻辑的限制而予以发展时,概念就会成为专制暴君而不是仆人。[88]在大多数情况下,当概念产生压制或不正义的结果时,我们应该将概念当做需要重构与限制的临时性假定。但是,概念的帝国,即便在其极为伟大时,也从来都不是没有限制的。此处就像别的地方一样,暴政会孕育反抗,而反抗会诞生解放者。一个概念发展、膨胀过了头,最终会被其他概念所胜过,来约束它的自命不凡。普林斯顿大学的迪金森(Dickinson)教授在他晚近的著作《美国的行政司法与法律至上》(*Administrative Justice and the Supremacy of Law in the United States*)一书中,对概念之间的相互作用问题,做了相当清晰而富有力度的阐述。他写道[89]:"几乎每一个法律概念或原则,都被发现只是某个尺度范围内的终端,该尺度范围从一端逐渐过渡到完全相反的另一端,两端之间的分界线在特定个案中,依据具体的语境而来回摆动。因而,有关妨害的法律规定在两个原则之间运行,一个原则是,每个人都有权按其认为合适的目的来使用财产,另一个相反的原则是,每个人都有义务以不损害邻居财产的方式来使用财产。"裁判的任务也被发现是在两个对立的极端之间进行选择。我们似乎看到,一种黑格尔主义的历史哲学在发挥作用,由此,每一个原则的发展趋势都是在创造自己的反命题或对手。[90]如果保持在其边界之内,概念是有用的,并且的确不可或缺。我们会将概念推得很远。要不是遵从其反面,会破坏法律秩序的对称性、组成部分之间的关系以及逻辑上的一致性,很多时候,它们会形成可能恰好相反的规则。[91]这些都是深深扎根于我们的法律与法律哲学中的价值。"如果我们处理的不是这些特性,至少也是相似之物;在其基础上能够建构这样的一个法律体系,即虽然远未达到不容变更的、绝对的确定性——人们曾经认为这是可能的,但却将一个多少是有益的秩序引入世界之中,没有这种秩序,世界会变得糟糕得多。"[92]然而,概念将我们带得太远,比我们预期还要走得更远的时代来临了,看哪,其他一些能够满足我们需要的概念正等在门口。"在发展规则中经常用到的吸收与排除的过程,不允许终结于对规则的既有解释,判决意见中的表达随后会让步于那些无法预见的事实的影响,这正是我们的法律体系的独特优点。"[93]

这种影响可能来自于新的事实。它也可能来自于政策或正义的评价发生的变化,即对相同的事务有了另一种说法,因为对此类事务的现行想法,与任何其他想法一样,至多只是一个事实。什么被规范或者接下去要被规范,经常得根据当时的智慧来决定才好。新时代的光芒会将它视为愚蠢的行为。我再一次引用迪金森教授的论述[94]:"困难在于,当代的公共政策观念会随着世代延续的变化而转变,一度作为政策目标的东西迟早会不再作为目标。"[95]于是,我们必须到处寻找解脱的途径。"所需要的不是恣意的自由载量,而是设定例外的规则——即打破规则的规则,当然,法律中到处充斥着这样的规则。"[96]有时,对老旧政策的信奉过于顽固,难以为司法过程的技术工具所打破,至少在法官遵循的先例原则没有得到更大程度的放宽之前无法打破。[97]这就是为什么,我一直呼吁立法机构与法院之间应当建立一种更为密切的沟通渠道,这些机构今天正往孤立化的方向发展。[98]即使缺乏这种帮助,只要人们认为规则的起源从属于目的,规则的均衡从属于生活的均衡,在传统技术的边界内仍有很多努力可做。

法律概念应从属于便宜性与正义,这一观念并无新意,尽管与许多古老的真理一样,人们需要不时地重申它。有新意之处或许在于,人们愿意坦率承认一直在实践着的东西,尽管或多或少只是断断续续地在实践,有时甚至很少意识到原动力的性质。[99]迟疑不决的承认导致的是间歇性的、不稳定的行为:人们一直存在一种有些难以言喻的感觉,认为这样的行为是要遭到反对或请求原谅的。在面对这种抵制时,注意到社会习俗取得胜利,是具有启发意义的。让我举法人人格的概念为例。霍尔兹沃思对于英国法历史中法人人格概念的发展,有一些富于启发性的评论。他指出[100],最初的时候,法人的概念很新,"法律人倾向于更多地强调宽泛的一般推论",这是从法人的概念中所得出的。"因而,他们声称,法人不可能依法拥有使用权,要么是因为法人没有意识,要么是因为大法官法庭的程序无法发出针对它的命令,又或者是因为它无法为他人所使用;布莱克斯通论述道,法人不能成为受托人。因为只有在法人能力的范围内,并基于法人的目的,法人组织才有行为能力,据说共同赠送给法人与其他自然人或法人的礼物,创设的不是按份共有(joint tenancy),而是共同共有

(tenancy in common);因为在这样的情形中,两个共同所有人所拥有的行为能力并不相同。"霍尔兹沃思继续说道:"毫无疑问,这些是从其得以建立的含糊而宽泛的前提之上正当地推导出来的。但人们发现,它们在实践中会带来麻烦。由此,基于实务便利的理由,人们会绕过或修改它们。与布莱克斯通的权威意见相反,衡平法在认定法人能够成为受托人的问题上并无困难;晚近以来,立法机构已经使法人能够与另一自然人或法人形成按份共有的关系。事实上,虽然从法人人格的性质中推导出来的这些宽泛的结论,让人们注意到法人相比于自然人明显缺乏相关的能力,但它们从来没能经得住重大的压力。从《法庭录事年报》(Year Books)出现的时代以来,对于法人而言什么行为活动可能,什么不可能,是由实践的便利而非理论性的考虑来决定的。"这一事实的最新例证,出现在当形而上学的法人人格的理论被认为与战争的紧急需要相冲突的时候。一家在英国成立并适用英国法的公司,为德国的股东们所控制,法院在决定其贸易能力问题时,将该公司认定为一个外部的敌人,尽管从形而上学的角度而言,该公司的精神内核完全是英国的。[101]霍尔斯伯里(Halsbury)爵士说[102]:"将有限责任引入我们的体系非常有用,当外国人与我们诚实交易时,没有理由认为他们不应该享有该制度的好处;但是,在我看来,太过荒谬的是,认为出于非法(即因宣战而变得具有敌意)的目的仍可利用该制度的各种形式,当处于实际交战状态时仍允许国家的敌人继续进行贸易,并允许其在任何一个英国法院中为商业利益而提出诉讼。"

第三章

利益的平衡·原因与结果·个人与社会·
自由与政府

我并不想要夸大变动的限度,无论是事实上的还是期望中的。对法律储藏室中的材料进行富有想象力的处理,并不总是引发变革的精神。有些时期会得出这样的结论,即静止比运动要更好。在法律中存在这样的领域,在其中,基本的观念已借助逻辑推理方法而发展到极致。在票据法的很多内容中,人们会发现这种判决方法。在不动产的法律中,人们也会发现这种方法,尽管相关概念的设定以及它们之间的逻辑关系,只有放在历史的维度中对它们加以解释,才可以理解。在法学中最令人头痛的学科之一,即所谓的冲突法中,人们再一次会看到这种方法。在冲突法中,我们处理的是法律的空间适用效力问题。隔断的围墙必须稳固牢靠,分界线必须一目了然,否则就会出现不相协调与相互矛盾的重叠与越界之处。在这样的情况下,规则的确定本身就是法律上的目的。我并不是说,在这一领域,寻求抵达概念中心(也就是其最内在之意义)的法官,在已经获得概念的内核时,不允许认为该概念涉及政策与正义。所有这一切可能都是真的,但当我将这一学科当做整体来看待时,我发现,相比于在其他领域,逻辑在此处显得更为无情,对终极的原因(final causes)也更为无视。非常可能的是,它太过无情了。如果的确是如此,那就偏离了我现在的主题,我的主题不是批评,而是描述。我调查法律上的景象,并报告我所发现的东西。

原则与规则遵循道德标准的趋势,是法律成长的真正道路,不要将这种趋势与对原则和规则的暂缓适用相混,或者误以为这是要以感情用事或毫无节制的乐善好施来替代,推到极端的话,这乃是对所有法律的否定。每一个法律体系之中都存在一些人为的设置,这些设置被认为主要或一般是要促进便利、安全或其他形式的公共利益。这些设置以规则或标准的形式出现,即便是疏忽大意或是茫然无知的个体,也必须自担风险予以遵从。任何时候,一旦诉讼的相关方不遵守这些规则与标准,法律也会废弃它们,制定这样的规则与原则就没有什么意义。个人必须签署他的遗嘱,并当着证人的面认可对遗嘱的执行。生前的赠与必须通过交付才能完成,仅有履行的意愿,生前赠与将是无效的。[1]未成年人购买非必需品是可撤销的,即使他已接近成年。除非在法律规定的期限之内提起诉讼,不然,官司就会输掉,即使只超出期限一天。这并不意味着,甚至在这样的案件中,也不需要施加压力来缓和一味固守的僵化做法。有时候,压力太大,会使法院觉得无法承受。我们见证到,衡平法院有时会借助多少有些虚伪的托辞,避免适用有关欺诈的制定法,而该制定法乃是建立在部分履行或违背推定信托的某个理论的基础之上。这个事例是更值得注意的,因为法院在此对制定法的强制力做了积极的抵抗。然而,事实仍是,就像一般的社会制度一样,法律作为促进秩序、减少浪费的机制来达成其目标,当人们不顾或忘记其命令时,这以偶然的困境为代价。[2]若是为数不多,这并不会否定法律的约束力。即便如此,也仍可能存在一些清理与剪裁的余地。此类做法将不至于伤筋动骨。但是,这样的时候也可能会来临,即困境如此地严峻而普遍,使得这种机制的良善之处在为罪恶所吞没的同时,被人遗忘而变得无法辨认。此时,相关规则即使得以存活,也只是作为残留的余骸存在。[3]一旦到了这样的阶段,规则存在的日子也就屈指可数了。

我自己所在法庭晚近判决的两个案件,可以用来说明我的前述想法。普通法中曾经有这样一条规则,未出面的委托人,不允许基于已盖章并履行的合同而被认定承担责任。关于印章的很多法律规定,在如今这样的组织化社会中,与当下的现实情况关联很小。是否要坚守我所提到的规则,或者认为它随着印章意义的下降而逐渐丧失意义,这样的问题就会出现。判决的意见是,这项古老的规则必须得到执行。[4] 近期的判例使得背离规则的做法变得很困难,除非彻底地废弃先例原则,但存在其他更深层面的政策理由。人们是根据此前所公布的法律,基于对法律的信赖而订立合同并完成交易的。当人们以"挂名者"的名义取得财产的所有权,并通过他们来执行交易与抵押时,合同的受约方都明确地认识到,盖印合同的责任只限于表见的委托人(apparent principal)。合同的受约方已经诚信地做了这点,没有任何隐瞒。可以说,从赞成一项机制的社会功用的角度,无需经过复杂的形式,表见委托人的责任就可取代他的代理人的责任,因为委托人才是收获交易利润的一方。在其他情形下,比如共同持有股份的协会、公司与有限合伙,法律中存在限制责任的类似机制。无论如何,溯及既往的法律变动是不公正的。这样的罪恶——如果它是罪恶的话,需要由制定法来消除。

在不久之前的另一起案件中,有关印章的古老法律再次成为主导性的因素。[5]争议的问题在于,是否要遵守这样一项规则,即口头合同无权对盖章的书面合同做出修改。在随后的口头合同实际得到履行的场合,我们已废弃了这一规则。我们甚至已经暗示,即便随后的口头合同处于待执行状态,该规则也应当予以废弃。[6]在其他司法区,这样的意见得到了权威的支持。[7]当这个问题径直摆到我们面前时,我们却得出不同的判决意见,尽管赞成与反对的票数非常接近。我并不是要挑战多数意见的学识与权力。如果司法的功能是静态的,其结论的确不可反驳。分歧看起来是关于法律的,事实上却是哲学上的。我将司法的功能理解为是动态的,至今仍牢牢地确信,该案中存在适当的机会来根除这一古老的罪恶。可以确定地说,后一合同在签订时,双方当事人并不认为印章的缺乏已使该合同徒具形式。如果订约的一方心存这样的保留,他便是在不公地对待订约的另一方,因为后者将这种交付工具当做可靠、有效的东西。事实当然是,订约的一方并没有这样的保留。需盖印章的提议明显是事后的想法,是一种为逃避构成重负的约定而寻找的托辞。对古老规则的替换并没有侵犯任何值得保护的利益。相反,它将使法律的发展能够跟上现实变动的步伐。这种替换甚至不会让人感到惊讶,因为先前的判决已经揭示了相关规则的荒谬之处,并以谨慎的措辞预言,不久之后,它将作为值得尊重却已成明日黄花的教义而被体面地埋葬。我敢于认为,这是一种以牺牲进步为代价而不明智地选择稳定的情况。让我们期盼,通过制定法的帮助,能实现更好的司法。

显而易见,在诸如此类的问题中,需要对社会利益进行权衡,并做出与价值相称的选择。每一次,人们都会惊讶地发现,即便其他程序与方法看起来——至少乍一看是这样——似乎占据主导甚或是独占地位,仍存在同样的需要,只是它潜藏于表面之下而已。以众所熟知的过失这一法律概念为例。每一次,它都牵涉对社会利益的平衡,包括道德方面与经济方面的利益。严格说来,作为法律技术用语的过失,是一个使用不当的名词,因为对于一般人而言,过失意指缺乏注意;但是,一个人依据法律的观点可能具有过失,尽管他已经采取其应当采取的特别注意的措施,同时,一个人可能并不成立过失,尽管他根本没有采取任何的注意措施。[8]而且,一个人能够选择对最为严重的危险漠不关心,但却避免因缺乏审慎而面临过失的指控。[9]

两个社会性的因素促成这样的悖论。第一个因素是"理性人"概念,他是指行为上遵守社会共同标准的人。如果个人没有达到群体的标准,他就会处境堪忧。他必须为他的过失负责,即便他的注意从来没有松懈。

行为人因愚蠢或无知而可能忽视的风险,如果理性人会意识到,便足以成立过失。对于年幼之人而言,标准可能会有所不同。对于那些其无知与愚蠢的程度达到使自身被归于不正常之列的人,即精神病人或者残疾者,标准也可能会有所不同,尽管法律上对此仍然没有定论。[10]另一方面,如果一个人未满足共同标准而冒险实施行为,在另一极端,他甚至可能得到保护;人们可能不需要去超越共同标准。或许还存在这样一些场合,被指控过失的个人根本没有采取注意措施,或者无论如何只是采取很少的注意措施,却由于幸运而在外在行为上符合了对勤勉之人所提出的行为标准要求。在这样的情况下,他单纯的主观懈怠,即单纯的思想上的疏忽,将无助于对其施加责任。[11]非常可能的是,法律在过失领域与在其他领域一样,并不具有完全的一致性。借助理性人的行为所衡量的一般注意标准,有时是最低注意义务而不是最高注意义务的表达。如果个人拥有特殊技能或认知机会,他可能被要求实施理性人若被赋予同样的秉性与机遇将采取的任何措施。[12]然而,基本上,无论怎么为偏离或例外的情形留余地,过失责任的标准都是外在的、客观的。

然而,存在第二个促成悖论的因素。我将它称为利益的计算。对被归责于标准化个体(即理性人)的注意措施的衡量,取决于所涉及的利益的价值。对此,我从伟大的侵权法大师波伦(Bohlen)那里学到很多。通过衡量其行为所促进的利益的价值,法律为个人可以正当冒险的范围设定了限度。基于对人类具有重要意义的建设工作的目的,我可以囤积炸药;与此同时,基于取乐或任性妄为而囤积炸药,我会因轻率而受到谴责。为了搭救落水之人,我可以不顾生命危险而纵身跃入波涛汹涌的大海;与此同时,如果我是为运动或单纯的虚张声势而跃入海中,我会因轻率而受到谴责。初看起来最为简单与统一的问题,也即这种或那种行为是否具有过失的问题，最终证明是复杂多样的。答案的背后是利益的衡量，是对价值的权衡，要诉诸社会、群体或行业的经验、情感以及道德、经济的判断。当然，一些价值评价会随着岁月的流逝而标准化，因此变成瞬间性的或者仿佛是直觉性的。在有儿童嬉戏的拥挤街道上飞速行驶，至少在其动机是为寻求追逐竞驶的快感的场合，我们无需思考便会知道，这成立过失。另一方面，即使像这样显而易见的判断，也会迅速地服从于具有全新社会意义的新兴事实的压力。对于消防车或救护车的行驶，我们会赋予其不同的价值。在行为的合法性与它对社会的价值之间存在恒定的、必然的联系，尽管有时是半隐藏着的。在做出判断的每一刻，我们都在进行权衡、妥协与调整。

的确，发展过程的无限多样性，是产生永无止境的奇迹的一个源泉。人们可能会认为，在经历所有这些世纪的判决之后，已经不存在未开拓的领域，也将不再会有未开垦的土壤,不再会有未发现的星云与星尘,而只有熙熙攘攘的人类世界。但事实并非如此。在一些主题上,法律仍未得到充分的发展或者存在缺位。虽然即将成型的某种暗示或征兆,在潮起潮落中已显露端倪,但它是如此的缺乏定形与不确定,以致对它的系统阐述(如果试图这样做的话),与其说是对当下事实的陈述,不如说是对未然事实的预言。按斯宾塞对进化过程的著名定义(尽管有些老式),物质是从混沌的、缺乏融贯性的同质状态过渡到确定的、具有融贯性的异质状态的。法律的成长也是如此。每一个主题,参照过去的不融贯之处是融贯的,参照将来要达成的融贯之处则是不融贯的。在我从事司法工作的过程中,我日复一日地受困于此。当我关注美国法律协会的法律重述工作时,我再次为它所困扰。尽管普通法经历了数个世纪的发展,有数量众多的法院做出努力,同时甚至有更多数量的判决出台,仍然有如此之多具有根本与首要意义的基础性问题,甚至时至今日都没有得到解决。若是对前述事实缺乏足够的新奇感,人们便无法在这项工程的实施过程中发挥作用,不管是多么微小的作用。如果这些问题突然被抛到面前,你会说,在如此根本的问题上,当然必定会存在大量的权威意见。在无法不假思索地给出适当的答案时,你或许还会因自己的无知而受到良心的责备。倘若你逐渐探索相关领域,并发现即使存在答案的话,至多也只有不确定的、含糊的答案,你会多少恢复一些自尊。我已经注意到这个问题,尤其是在与侵权法相关的领域。看起来似乎是作为文明社会生活之根基的权利与特权,也被发现陷于疑问之中。当人们始终无法确定在首要关心的事务中可以做的事情时,会产生这样的疑惑:如何在不身陷麻烦的情况下顺利地长大成人呢?举以下这些基本特权(privilege)或特权诉求为例:对威胁进行身体伤害的他人使用武力的特权;使用武力自行夺回处于他人保管中的动产的特权;使用武力强制进入他人土地的特权。令人诧异的是,与这些基本的权利诉求相关的规定是多么含糊与混乱。所能确定的是,通过对社会利益的权衡、社会价值的评估以及对社会观念的解读,法律体系中的漏洞将被填补,在日益地意识到司法过程的意义的情况下被填补。

我并不想低估这一过程所面临的诸多困难。多年来,它们早已为人们所知晓。剑桥大学出版社近期出版了名为埃克洛加法(Ecloga)*的《罗马法汇编》的译本,

---

* 埃克洛加法(Ecloga)即《罗马法汇编》,也称《法律汇编》,是东罗马皇帝利奥三世约于公元740年用希腊文颁布的一项立法,被认为是一部用人道主义精神加以改进了的优士丁尼著作的选集,但实际上包括了许多新的法律,并力图使这些主张更易为基督徒所接受。该法扩大了妇女、儿童的权利而限制了父权,限制了死刑的适用,主张以肢体刑代替死刑,要求对社会各阶级平等适用刑罚并提倡消除贿赂和贪污腐化等。它是优士丁尼以后拜占庭的一份最主要的文件,对后期拜占庭的立法及斯拉夫国家法律的发展都有巨大影响。参见《元照英美法词典》,北京大学出版社2013年版,第458页。——译者注

它由一名英国学者[13]所翻译。在公元726年,罗马皇帝利奥三世与君士坦丁五世在君士坦丁堡将它刊行于世。两位罗马皇帝命令一群学者,将"伟大的优士丁尼大帝"的《法学阶梯》《学说汇纂》《法典》与《新律》的部分译成希腊文,以使其命令"往人性化的方向"发展。对帝国的法官与所有想要从事司法职务的人,两位罗马皇帝这样说:"让那些——并且仅仅让那些——运用感情与理性,并且清楚地知道什么是真正的正义的人,在他们的判决中直接使用直觉,平静地分派给每个人其应得之物。"或许,尽管我对要在两个对立的极端之间进行妥协谈了很多,我并没有对拜占庭皇帝提出的这个公式做多少的改进,虽然在我的努力与他们的努力之间隔了1200年。

我怀疑,罗马的两位皇帝是否会发现,给出建议要比法官依据其建议来做要容易。无论如何,可以确定的是,在训诫与服从之间的对立,并没有随着岁月的流逝而有所减少。我怀疑,当法官已尽己所能做到最好,并作出要被载入报告的判例汇编的判决,你们之中的许多人是否意识到折磨法官心智的那些疑虑。当然,也有一些法官幸运地拥有更为粗壮的神经。在关于霍尔斯伯里伯爵的传记中,伯肯黑德(Birkenhead)爵士谈道:"无论在法律领域还是政治领域,他对自己的观点都极为坚持,甚至顽固到不可救药。"他的传记作者说道:"我不记得,他曾经承认自己做错过。我也不相信,他曾经这么想过。"[14]以我对法官的了解,我认为这样的自满是少见的,尽管或许在某种程度上,我是在匆忙地下这样的结论:他们是透过与我的双眼具有相同目力的镜头,来审视生活的场景。然而,充满刺痛的艰苦努力,并非法官这种职位所独有。我随机挑选了由一名哲学家(他也是一名文学家)所写的一本书,它叙述的是,当他翻阅自己的旧作时,他所产生的心烦意乱与愁苦心理。[15]他说,他很想在新的版本中对它们做出改动,不过,他接着争辩道,如果他做出改动,一些读者可能更喜欢第一版而不是第二版,又或许,在生活数十年之后,他自己也可能有类似的偏好。这也是我的心理状态,好在我有自己的宽慰之物。当我重温原来的判决意见,怀疑它们是否正确时,我会对自己说,倘若我是以不同的方式来写,我一样会心存疑虑。我猜想,败诉方的律师对于相关的事项,要比我已经尽力表现得更不泰然自若一些,会希望我冒险去做改动,但这时我会反思,他的对手会希望相反的做法,已决案件由此得以维持。对于这样的痛苦,我看不到有解决办法,尽管人们已经寻觅这么多年。伯特兰·罗素(Bertrand Russell)在他有关"数学与形而上学"的论文中提醒我们[16],"两百年前,哲学家莱布尼茨构想了一个有关形式推理技巧的计划,从中,他期盼找到适用于所有问题的解决方案,从而终结所有的争端。如果出现争议,与其说需要在两个哲学家之间展开辩论,不如说是两个会计之争,因为对他们而言,拿起手里的笔,在桌子旁边坐下,并对彼此说,让我们来计算一下,这便足矣"。要是莱布尼茨的梦想能够在法律之中实现,那该有多好!但在此期间,我们必须满足于在法律的道路上步履蹒跚,为没有掉入坑中而心怀感恩。

  我已经提过折磨法官心智的诸种疑虑。不过,我不是要留给人这样的印象:这样的疑虑会不可避免且总是伴随着判决的宣告而产生。奇怪的是,有时在最为疑难的案件中,也就是在最初引发巨大疑虑的案件中,这些疑虑最终都会消失,甚至彻底地消失。我经历过特别不确定的阶段,以致我有时会对自己说:"在这个案件中,我实在无法进行赞成或反对的投票。"但突然之间,迷雾散尽。我的内心一片宁静。我隐约知道,我的结论是否正确仍存有疑问。考虑到停泊于避风港之前我曾遭受的痛苦,我必须承认这种疑问的存在。我不能与任何拒绝认同我意见的人发生争吵;但是,对我来说,不管对别人而言可能如何,历经艰辛所达成的判决已变成唯一可能的结论,在充满确信的宁静之中,先前产生的疑问渐渐消失,并最终烟消云散。由焦虑阶段到宁静阶段的轮回,对智力活动领域中的其他耕耘者而言,是一种共同的经历,对此,我几乎没有疑问。基于之前发生的暴风雨,最终的宁静显得尤其珍贵。一台高度发达的机器被转交给我们守护,这台机器有着复杂精细的轮齿、砝码与天平,是无数人智慧的作品。无怪乎,我们彻夜难眠,担心某个新来的实习生,他本来是要起到润滑的作用,却可能最终证明或者是笨拙之人,或者是敌人,弄得整台机器都运转不灵。

当我们告别静止与运动这一对立命题以及它在法律中的解决方案时,我们的主要印象必定是妥协、调整、对手段做合乎目的的实用性调适以及法律真理的相对性。相同的相对性原则也是解决另一个法律中长久存在的对立命题的基础,即原因与结果这一对立命题。法律有它的因果关系问题。它必须追溯事件的原因,或者用休谟的话来说,不存在原因,而只存在相连的位置或前后相接的序列。如果法律承认因果关系的存在,就像它现在所做的这样,就必须决定哪种先在因素应当被认为是法律原因,该先在因素需要从无限的、与整个事件一样庞大的先在因素系列中挑选出来。我们经常被告知,法律只关注近因,不关注其他。这样的陈述几乎没有意义,或者确切地说,只是表面看来具有意义,它远离事实的真相。有时,在寻找法律原因时,法律在离事件很近之处才停止,但有时,它经常地回溯到多个阶段之前。因果关系的相对性原则告诉我们,它的方法可能并无不同。霍尔丹爵士在他的《相对性的统治》(*The Reign of Relativity*)一书中指出[17],"原因是一个非常不确定的表达。相对于结果的外在性构成它的本质,但在所有涉及这个主题的案件中,它的意义都是相对的。对于女佣来说,火灾的原因是她点亮并使用的火柴。对于物理学家来说,火灾的原因是潜在能量向现实能量的转换，而这是通过碳原子与氧原子的结合，形成逐渐被氧化的气体氧化物。对于审理纵火案的法官来说，火灾的原因是站在被告席上的罪人的邪恶行为。在每一个案件中，都存在不同的探究领域，这由不同的立足点所决定。但是，这样的领域没有一个是几乎穷尽所有的。完整的原因，如果能够发现的话，会扩展到需要解释的相关现象的整个基础，这个基础所触及的不仅是整个世界，而且还是宇宙的全部。不止如此，如果能对这个基础彻底地予以阐述，它将与结果本身难以区分，还有，那样做的话，它与存在的条件的整体也无法区分开来。因而，我们看到，当谈及事件的原因时，我们只是在挑选与特殊探究的立足点相关，并且在其范围之内因目的而注意到的特定观念所决定的因素"。[18]

这是司法上解决因果关系问题的关键所在。我们挑选按自身判断应被当做主要因素的原因，所谓的主要因素不仅是参照事件本身而言，而且也是参照与事件相关联的应然法律结果而言。有一份由英国上议院的肖(Shaw)爵士所出具的判决意见,在其中,他参考了一般的修辞说法(the common figure of speech),借此而将原因的序列比喻为一个链条。他提醒我们,这种说法尽管便利,却不充分。他说:"因果关系不是一个链条,而是一张网。在每一个节点,各类先期存在与同步发生的影响因素、力量与事件汇合在一起,从每一个节点无限地向外辐射延伸。"[19] 从这个错综复杂的网络中,法律有时挑选这个原因,有时则挑选那个原因。所以,就同一事件而言,当作为引发契约之诉的原因时,其法律原因可能是这个,而当作为引发侵权之诉的原因时,其法律原因可能是那个。法律对此原因或彼原因的接受或拒绝,取决于对其自身目的的考量,以及拒绝或接受给社会带来的利害后果的权衡。

有一个案件可以表明我的意思。在新泽西州的大汤姆(Big Tom)地区发生了一场火灾,火灾又引发易爆物的爆炸。爆炸所产生的震动,对停泊于半英里之外河道里的一艘船只造成损害。保险单确保船主对于由火灾直接造成的损失能得到理赔。法院理所当然地认为,根据多数司法区的法律规定,如果相关诉讼涉及的是针对过失引发大火的不法侵害人的侵权之诉,则火灾将构成法律上的原因。如果不法侵害人想要造成所出现的损害结果,并基于这样的意图而实施相应行为,则这一点将无可争议。另一方面,法院拒绝认为,火灾在保险合同的意义范围内构成法律上的原因。[20]

得出这种结论的推理,与霍尔丹爵士的推理在路径上非常接近,尽管相关判决的作出是在霍尔丹的著作出版之前几年。"归根到底,"我们说,"正是人们的观念以及合同双方当事人的意志内的一些东西,而不单纯是事件之间的物理联系,来解决因果关系的这个问题,至少对于法学家而言是如此。在这一切之中,并不存在例外的情形。任何事物本质上都交替地构成原因与结果。

对物理学家来说,此因素构成原因;对法学家来说,彼因素才构成原因。甚至对法学家而言,同样的原因由于当事人选择的视角不同,而轮番地成为近因与远因。保险单规定,保险人不应为锅炉爆炸所造成的损害负责。爆炸引起了火灾。若是它不属于保险单中规定的例外情形,火灾将构成损失的近因,而爆炸构成远因。由于合同的存在,爆炸变成了近因。[21]海上发生船舶碰撞,随后发生火灾。就有关保单的诉讼来说,火灾可能构成近因,而碰撞构成远因。对于针对撞击船只而提起的诉讼而言,碰撞就是近因了。[22]在因果关系的法律判断中,并不存在绝对的东西。接近与遥远是相对的、变化的概念。"[23]

我们会看到,在判例与评述中有关近因的讨论,很多都令人困惑并且毫无用处。对于必须根据相对性来建构与阐述的理论,人们往往会努力地赋予其绝对性。毫无疑问,所提出的检验标准有它的价值与意义。然而，在适用它们时却会遇到困难，其根源在于，人们忘记了，它们实际上不是检验标准，而只是线索而已。它们有助于指导人们判断，在被掩藏于凌乱的因果之网的众多因素之中，究竟是突出这个因素还是那个因素。[24] 在埃杰顿教授就法律原因的意义所作的富于启示性的讨论之中，我发现已经存在相同观点的预兆。我并不是说，所有他就法官与陪审团的相对功能所得出的结论我都认同。就当下的探讨目的而言，只要标示出他在直指问题核心与本质时所具有的洞察与理解，这就足够了。他说[25]："法律原因是一种公平地可予联系(justly-attachable)的原因；(或)法律原因是一种公平地可予联系的结果；(或)法律原因是相对于结果处于这样一种关系中——即赋予其法律上的效果不失公正——的原因；此处所谓的'公正'，不仅仅意指双方当事人之间的公平，也意味着对社会有益，能服务于至关重要的个体与社会之间的利益之争。"[26] 法律在追溯事件原因时所探寻的事实,是基于实用考虑所构想的事实,是相对于法律目的而言的事实。

从静止与运动以及原因与结果,我转到其他的对立性命题,即单个与多数、个人与群体、群体与社会,以及自由与政府。

单个的个人是社会结构中的原子。原子并不是孤立地存在的。它会与其他原子相结合,以回应生存的本能。驱使个人与他人相联合的动力或倾向,以同宗意识(syngenism)的名义而为人所知。[27]就同宗意识而言,我们在所有的层面都归属于群体,处于最低层面的是家庭,处于最高层面的是国家。群体并不具有恒定的数量,而是变化多端。我们与其他人一起组成家族、教派、俱乐部与协会,每个群体都唤起人们的忠诚,但各类忠诚在不同时间与空间中,其程度也有所不同。在一个个人与另一个人之间,在个人与群体之间,最终也在群体自身之间,都会存在吸引与排斥的关系。能量必须得到释放,同时,能量也必须受到约束。对这些对立的协调,是法律中未得到解决的问题之一;它涉及自由与政府之间的关系问题。

国家的存在,是要使组成的群体与个人之间的对立与纷争服从于法律,并由此而使其服从于秩序与一致性。因而,用斯谟尔(Small)的话来说[28],它是"对分裂的统一,对冲突的协调,对纷争的和谐"。有联合,就会有隔离;有纽带的建立,就会有纽带的松懈;有保守,就会有变革;有"老套的原则",就会有"革新的原则"。[29] 对每一个乐节而言,都会存在对应的乐节。法律的节拍器对它们之间的间隔作出规定。

同宗意识令人诧异的问题之一是,在创造群体的同时,它也再造或改造了个人。群体中的个人,无论是在行为协会、政党还是在国家中,与群体之外的个人都并不相同。他的意志会由于与他人意志的联合而改变。这并不是说,存在一种神秘的、归属于群体的共同意志,就像一个人独立于群体的成员那样。相反,它只意味着,个人的意志就如同其习性与欲望一样,为观念之间的相互作用所改造。社会观念确实是诸多个人观念的总和,但它是个人观念在联合之后的总和,而不是它们在分离之时的总和。这样解读卢梭的公意概念,与深层次的事实相对应。不遗余力地将公意硬塞给我们,它就会变成令人困惑的虚构之物。我想,在当今,这是对群体精神生活所持的主导性观念,至少在盎格鲁-美利坚的社会科学研究者中是如此。因而,拉斯基(Laski)在其名为《政治典范》(*Grammar of Politics*)的著作中写道[30]:"法人人格及其所体现的意志,在以下意义上是真实存在的,即它使得那些按其要求而行动的个人,与早先的他们有所不同。但是,它也不同于我借以与宇宙中的其他生物相区别的独特性。英格兰的统一存在于其历史传统之中,这种历史传统将一大群人的意志引向相同的方向;它并不存在于某种神秘的超意志之中,这种超意志被认为建立在对这些个人意志进行融合的基础上。霍布豪斯在《社会进化与政治理论》(Social Evolution and Political Theory)一书中这样说道[31]:"上文所述的内容可能足以表明,当谈及社会思想、社会意志或更为一般的社会观念时,我们既不意指某个神秘的精神统一体,也不是指社会的组成成员对社会生活的完全成熟的意识。这样的意识实际上是社会观念发展的产物,但是,不要理所当然地认定,在任何使用'社会观念'的场合,就存在这样的意识。社会观念的概念只是对社会中正在起作用的大众观念的一种表达,它可以在人与人之间传播,有助于指导个人的思想与行动。"他又说道[32]:"我们所指的社会观念,并不一定是遍布在整个社会中的一致性,它是一套正在起作用的精神力量,这些精神力量在得到进一步的高度发展之后,会凝结成统一体内部的一致性,凝结成对组织体发挥作用的有机体。我们指的是一种本质上具有精神特性的东西,这种精神特性来自于群体的活动,它塑造群体的活动,也反过来为群体的活动所塑造;它只存在于人们的头脑之中,但从来没有为任何人所完全体认;它取决于人与人之间的社会关系,但只有处于发展的高级阶段的关系,才能为人们所充分察觉。"相同的观点,塞利格曼(Seligman)博士也恰当地给予了陈述[33]:"因而,群体既不是一个组织体,也不是一种幻象。它是这样的一种存在物:虽然由个体组成,但不仅在抽象意义上,而且在具体意义上,都不同于作为非群体成员的相关个体。简言之,虽然群体是由个体所创造,但它也至少部分地重塑了个体。它表达的是一种方法,通过这种方法,个体的需要被转换为共同的需要;它是一种实现手段,借助这种手段,只有通过满足其他个体的愿望,并且与其他个体的愿望相协调,个体的愿望满足才会变得可能;它是一种过程的体现,借助这个过程,人类自始存在且无法根除的自利,慢慢地为一种更为宽广的感情所渗透,这种感情在最优秀的个体身上发展成忠诚与无私。"[34]

倘若我详细地考虑群体作为法人的特点时,就离题太远了,尽管这一问题与法律中的对立命题不无相关,因为它是唯名论与唯实论、现象与本体以及表象与实在的永恒之谜的一个方面。在盎格鲁-美利坚的法律中,所谓的特许理论(concession theory)长期以来被认为是众所接受的理论。根据这种理论,作为法人的群体直到国家通过指定机构宣布其存在时才形成。霍尔兹沃思说[35]:"法人的生命与形式,在缺乏国家许可的情况下无法存在,这种许可会以明示的、推定的或暗示的形式出现。"[36]不过,的确有一些杰出的法理学研究者,他们是对立理论的倡导者。[37]在他们看来,群体是一种"真正存在的东西",完全独立于任何许可而作为合成性的人格体存在,此类许可本来可能由国家所给予。[38]指出这种真实存在的东西,只是到近来,才使一直被认为是正统的理论获得一些令人惊奇的突破。直至最近,它成功地使人们承认其在官方宣告之前就已经存在,尽管它是以一种相当上不了台面的方式进入法律世界的,或者说,它似乎是开后门进来的。法人的人格是立法的创造物,而不是内在于群体本质之中的一种属性,这可能仍然是一般的规则。然而,有时甚至在我们的法律中,由于群体所具有的内在团结性看起来是如此的明显,以致司法上也会承认它作为法人或准法人而存在,尽管没有特许状授予或拟授予其作为法人行动的资格。[39]美国联邦最高法院在美国煤矿工人联合会诉科罗拉多州矿业公司案(United Mine Workers of America v. Coronado Coal Co., 259 U. S. 344, 385, 387, 388)的判决中认定,没有法人资格的行业工会可作为虚拟的法人提起诉讼。[40]该案判决意见的简短宣告,几乎没有使不知情的人们注意到,在它背后存在着一个旷日持久的争论,以及大量的法律文献。我们的英国同行走得更远。英国枢密院司法委员会在最近的判决意见中[41],承认在印度被尊崇为神的木制神像在英国具有人的资格,因为它在印度是这样被承认的。相应的,为防止它的权利可能受到侵害,先前的判决被推翻,同时还指定神像守护者来代表神像。在此,人格的属性不是归于某个人或人的集合,而是归于被公认的无生命之物。对国库的法人人格的承认为欧洲法所长期熟悉[42],基金会也被认为具有法人的人格[43],在此,人们可以发现类似的情况。稍远一些的类似例子可能是,很多判决承认外国公司作为法律上的人,能够在我们的法院中提起诉讼或者被诉,只要它们在其住所地的司法区拥有这种能力。对于这些扩展法人人格概念的做法,此时此刻并不适于来表示赞成或者进行谴责。其中的一些事例被解释为,是依据国际私法中所确立的理论,适用"礼让承认"(comity)或与之近似的某个原则的结果。[44]其他事例暗示,在我们的法院判决中,法理学与社会学之间的友好关系的重建已得以发展。我们正在接受社会性的概念,并在法律上认可它们。

然而,鉴于与我的主要论题并不相关,我暂时要将法人人格的现实这一让人着迷的话题抛在一边。这个现实至少表明,在社会现象中,群体并不是随意的、偶然的,而是持续的、普遍的,它们改变了群体之内的个体的需要与利益。即便想要无视这一点,法律也不可能无视——即便它想要如此,因为如果将各类群体视为同心圆系列,则最外层的是国家本身。因而,当国家通过法官来努力标示自由与政府各自的限定范围时,它必须以这样的方法来划定界线:个人与群体,以及适于每一个人的生活,都可以获得和谐发展的空间与机会。对这个界线的寻找,是一个给自由与法律蒙上阴影的问题。

作为法律概念的自由包含一个根本的悖论。在最为字面的意义上,自由是对法律的否定,因为法律意味着约束,而缺乏约束则是无政府状态。另一方面,通过摧毁约束而产生的无政府状态,会使自由为强者或肆无忌惮者所独占。"这是一个代偿的世界,"林肯说道[45],"不想当奴隶的人,必须同意不应有奴隶。"因此,我们再次面临一个悖论。

这个悖论在很久以前就为洛克所察觉,对此,他使用自他的时代以来无出其右的措辞给予了表达。[46]"法律的真正涵义,"他说,"与其说是限制,毋宁说是指导一个自由而理智的人追求自身的正当利益,它不会在受法律约束的人们的一般福利范围之外作出规定……仅仅为了防止我们堕入泥潭和悬崖的做法,不应被称为限制。因而,法律的目的不是废除或限制自由,而是保护和扩大自由,尽管人们可能会产生误解。这是因为在一切可受法律支配的人类状态中,哪儿没有法律,哪儿就没有自由。这是因为自由意味着不受他人的束缚与强暴,哪儿没有法律,哪儿就不可能有这种自由,但是正如人们所说,自由不是'人人都可为所欲为'。当任何人都可以逞一时之快而压制另一人时,谁能有自由呢?自由是一个人在法律许可的范围内,随心所欲地处置或安排他自己的人身、行动、财富及其所有的财产,在此范围内,他不受任何人专断意志的支配,只自由地遵循自己的意志。"*现代的社会科学研究引申了洛克的思想,但并没有改变其本质内容。

"如果自由是一种社会构想,"霍布豪斯说[47],"没有社会约束,就不可能有自由。的确,对于任何单一的个人来说,如果消除所有的社会约束,他可能获得最大限度的自由。在体力是唯一决定因素的地方,最强壮的人就会拥有无限的自由,来对弱者为所欲为;但很显然,强者的自由越大,弱者的自由就会越小。我们所指的作为一种社会构想的自由,是一项为社会所有成员所分享的权利,几乎不用考虑就足以表明,在缺乏强加于所有

---

* 该段译文,出自〔英〕洛克:《政府论》,叶启芳、瞿菊农译,商务印书馆1993年版。——译者注

社会成员并为其所公认的各类约束时,一些人的自由必然涉及对其他人的压制……过多的自由与自由本身相抵触。简言之,不会出现没有社会约束的自由这样的事情;有的只是,对这个人而言是自由,对他人而言却是约束的现实。"[48]

除了被打上现时机会主义烙印的情形之外,是否就没有其他的妥协道路了呢?在州与国家的宪法之中,我们发现了个体自由的保证。人们普遍认为,这至少意味着免于被奴役。鉴于宪法看起来要许诺的更多的事实,我们是否被迫在修辞性的繁华与被列为典范的东西之间做出选择呢?难道就不存在理性的标准来启迪人们,借助原则的灵感来做出决定?

在为自由的领域划定边界的过程中,法院声称在大多数情况下都是根据经验来处理工作,并且对此相当地引以为傲。他们声称,我们不会对法律的正当程序做出定义,而是通过个案中的吸收与排除的过程,来"标示出它的轮廓"。[49]这需要安全地来进行,在起初时很可能还要明智地来进行。问题在于,满足于一系列临时权宜的结论的状态能持续多久。继续标示界线固然很好,但需要我们谨慎地审视它们,看看它们制作的是一幅图案,还是一堆混合的碎片与补丁。我并不是说,政治科学或社会科学已经非常精密而准确地对自由的构想给出了系统的阐述,以致当法院将之用作试金石时,它将会机械地揭示出事实真相。我确实意味着,并且相信,如果在经验主义的背景下,对于人们在急切地探寻与摸索协调性原则时的所思所写有所研究与知晓,经验性的解决方案将更合乎情理,也更为正确。

权利法案对于个人维护其自由给予了保证,但并没有对其许诺的自由进行定义。在宪制政府的起初阶段,在人们头脑中最为重要的自由是身体的自由。臣民不应因统治者单纯的取乐而受到折磨或拘禁。与此同时,或自此之后,自由的构想要比身体自由更为宽泛。"政府治理下的个人自由,"洛克说[50],"要有常设的规则为该社会的每个成员所共同遵循,并由社会中建立的立法机关来制定。"个人不允许从其同伙中被特别挑选出来,成为恶意之箭的受害人。那些被置于个体之上的机构,"应当依据正式颁布的既定之法进行统治。无论是对富人还是穷人,是对宫廷权贵还是乡野村夫,法律都应一视同仁,不因特殊情况而有所改变"。[51]

至此为止,只要是法律,也即只要它是一般的、平等适用的,是与"临时政令"形成对照的规则,对它的范围或效力就没有任何约束。[52]然而,作为一个社会科学的概念,自由的内涵并不限于此。至少在我们自己的法律体系中,作为一个宪法上的概念,它意味着更多的内容。在我们的宪法发展过程中,自由的概念经历了稳步的、至关重要的发展。个人不仅可以坚持,对其活动施加限制的法律,应当在类似情况下对他人施加类似的限制。他也有权声称,存在一个根本不允许政府或法律触及的自由活动领域,不管相关命令是专门针对他的,还是在一般意义上同时针对他与其他人的。宪法明确规定的条文,确保他拥有言论自由与信仰或宗教自由。这些之后形成的豁免权因而获得了特别的保障,但它们只是更宽泛意义上的豁免权的几个方面,这种宽泛的豁免权可综合表达为:未经法律的正当程序,任何人都不应被剥夺自由。对自由做这样的解读,至少是拥有最终发言权的法院在晚近所持的理论。[53]除了所列举的方面与其他方面之外,有关自由的前述综合性表达,赋予个体以豁免权,免遭"纯粹个人的、恣意的权力所实施的举动"的侵害。[54]命令与限制中所具有个人的、恣意的东西,不会因为它采取的是制定法的形式就获得合理性与一致性。立法机关对于自身权力的评价并不具有最后的发言权,具有最后发言权的是法院。

时间上不允许,我的论述目的也并不要求,我对这样的判例列一个名录,在此类判例中,制定法被谴责为完全建立在恶意或反复无常的基础之上。不过,列举一些典型的事例,会有助于表明我的意思。政府不允许禁止在私立学校与学院中教授外语。[55]基于相同的理由,我们可以确定地说,政府也不允许禁止这些机构在人类学习的其他领域教授相关的知识。政府不允许垄断对年轻人的教育,通过禁止他们在除自己设立之外的其他学校中接受教育,来按照自己的模式来塑造他们的心智。[56]在一个以家庭为基础而组织起来的社会中,诸如之类的限制会侵犯人格的自由发展。当我们扼杀对群体而言极为根本的精神生活时,就抵达了自由的最隐秘之处。[57]与这些处理精神自由的判决相比,那些在经济自由领域限制政府权力的判决则一般较少受到推崇。立法机关不应要求向女工支付最低标准的工资,即便相关工资没有超过维持一种像样生活的基本所需[58];立法机关不应禁止雇主歧视性地对待与工会有关联的雇员[59];立法机关不应在劳资双方的纠纷中废除颁发禁止令的衡平救济[60];立法机关不应要求劳动纠纷必须递交给仲裁委员会处理[61];立法机关不应对面包的重量做出规制[62],也不应禁止劣等绒毛填充到床垫之中。[63]

在此刻,我无意于对如下存在颇多争议的问题展开争论,即是否这些判例或它们之中的一些本来可以作出更好的不同判决。对此,联邦最高法院已经以自己的权威给出了回答。我的目的只是探究,是否自由不被允许拥有作为社会科学概念所拥有的内涵,这将对以后提交到法院面前的此类问题的解决具有启示性的效果。要探究的是某种调和性的原则,无论其植根于历史还是哲学,也无论其植根于对实然的研究,还是植根于对应然的纯理性的努力。我应该把如何将社会科学的意见适用于所提及的特定案件的问题,留给他人去解决。这将无损于前述探究的重要性,即便人们认为,在一些情况下,或者甚至在很多情况下,适用社会科学的意见,会产生有别于法院所接受的判决的结果。我关注的是在将来可能具有价值的方法。看起来我可能引用得过多了。我的辩解是,我想要表明这样一个事实:与凭一己之力所进行的思考相比,有它们作为我写作内容的基础,就有了更为强大的支持。

第四章

自由与政府·结论

历史与理性共同警告人们,"自由"会由于制定法而受到损害,这些制定法阻碍或改变(diverting)了人格的自由发展,也就是心智或精神的自由发展。所谓的历史,特指我们自己的历史,我们自己的制度起源;所谓的理性,是依据普世性的历史学、心理学与伦理学知识,而对社会福祉的理想所作的科学解释。我们自己的制度起源给了我们论述的起点。"我在上帝的神坛之前发誓,永远抵制对人类心智的任何形式的专制。"这话是杰斐逊说的,但相应的精神流传已久。比尔德教授所称的伟大的美利坚传统,正是建立在此种信念之上。[1]对于建国之父们而言,对思想与言论的压制,尤其是对信仰的玉制,是活生生存在的、兹事体大的罪恶。[2]其他方面的自由只是受到泛泛地保障,这些泛泛的举措充满了不确定性。心智的解放被放在权利法案最重要的位置予以宣告,所有人可能都知道,它是作为我们政治哲学的基石而存在。毫无疑问,即使在那个时期,当理论遭遇实践的检验时,仍然有一些人对关于精神的这些真理丧失基本的把握。1798年的《反煽动叛乱法》便是见证。[3]不过,与对自由原则的一时侵犯相比,回潮的逆流影响要更为深远,也更具压倒性。的确,这样的逆流随后终将落潮而去。宣告精神解放的宪法条文,没有也不可能用足够明确且确定的术语来进行表达,从而避免任何冲突解释的可能,因为时不时地会有特定的举措遭遇它的审查。尽管存在所有这些的不足,我们政治哲学的根本性原则——这也是伟大的美利坚传统,一直是心智生活的自由原则。"尔辈当知晓这一真理,它将使你们获得自由。"

在我们建国之初,与所发出的历史之声共鸣的是更为深沉的科学之声,此处的科学是指社会生活的科学,它对人类的普遍历史与根本需要做出解读。倘若不坚持要求将保持人格发展的机会作为最低程度的要求,则个人的自由只是一个贫乏而干瘪的东西。[4]斯宾塞说:"只依据理性的指令来生活的人,才是自由之人。"[5]只有在具有认知时,我们才是自由的,自由与我们的认知成正比。无选择即无自由,无认知即无选择,不然,一切都是虚幻。所以,吸收与产生思想的自由正是内在于自由的观念之中。此处涉及必须维护的基本权利,按阿克顿(Acton)勋爵的话来说,是"免于受到权威、多数、习俗与舆论影响"的权利。[6]在总结阿克顿勋爵的性格时,菲吉斯(Figgis)博士说:"他的一个信念是,每个人的权利不是要拥有最好的东西,而是要成为最好的自己(not to have but to be best)。"[7]在没有选择的机会时,心智就被戴上了镣铐。乐于争辩的人可能会说,选择的机会与其说是一种善,不如说是一种恶。倘若有人声称,机会可以否决,而自由仍然留存,他就犯了自相矛盾的错误。认知的自由构成所有自由的基础。

在将近三个世纪之前,弥尔顿(Milton)对心智自由的一些主要的先决条件,即言论与写作自由,做过经典的辩护。[8]这个辩护针对的是侵犯心智自由发展的某种特定形式,但其意义不应被限于它当时的场合。对出版自由的限制所作的论述若是成立,相关的论述对观念活动的其他限制来说必定也成立。它们都由于同样的问题而受到谴责。此类限制的问题在于,在历史清楚地表明预言根本无效的领域,却预先假定预言能力的存在。伽利略、哥白尼与布鲁诺教会了我们很多东西,其中,很重要的一点是智识上的谦卑。"乔达诺·布鲁诺预见到,后代的人会向他致以敬意。"这一记载着他的荣耀与痛苦的铭文[9],让怀念者久久地忧虑。它告诉我们,焚烧书籍是对思想的扼杀,它可能与焚烧肉体一样地缺乏成效,并且,即便是对那些点火焚烧者而言,也几乎同样地可憎。在人类深切关注的许多事务上,或许可以做一些实验,但在对思想设定边界的问题上不行,因为自由交流的思想是智识性实验的必备条件,也是对其有效性的检验标准。[10]就自由的这一最低先决条件而言,社会科学的研究者们所达成的共识不容突破,并且让人印象深刻。在建立一种社会精神的过程中,理性与情感相结合,思想对习俗施加影响,这符合霍布豪斯在分析相关过程时所描述的方式。[11]在总结其对思想冲突的历史的反思意见时,伯里(Bury)博士说[12]:"理性对权威的抗争,终结于如今看来是决定性的、长久的自由的胜利。在最为文明与先进的国家,言论自由被认为是一个基本原则。事实上,我们可以说,它被公认为是启蒙与否的检验标准,普通人都会乐于承认,在诸如俄罗斯与西班牙这样的国家,言论或多或少地受到限制,基于此,这些国家必定被认为在文明程度上比它们的邻国要低。"这个时代的普通人,背后都有哲学家的支持。如果政治哲学有任何信息要传递的话,"不是要拥有最好的东西,而是要成为最好的自己"这项个人的权利,已经被人类的智慧确认为是一项不容置疑的遗产,它为众所公认的人类财富之一(即自由)提供保障。

我们从斯宾诺沙说起,他的《神学政治论》(*Tractatus Theologico-Politicus*)匿名出版于1670年,几乎与弥尔顿为自由大声疾呼同属于一个时期。"对言论自由的否定越顽固,人类努力反抗压制的决心也就会越坚定——当然不是指那些溜须拍马与阿谀谄媚之辈,而是那些因自由教育与正直生活而变得更为自由的人……人的普遍的内在构造决定,其最无法忍受的是看到,自己认为是真理的意见被当做犯罪,所有促使自己对上帝付出虔诚,向人类表示仁爱的举动被解读为邪恶;随之而来的是,法律受到憎恶,任何能用以冒险反对权威的东西,都不被认为是卑下的、应受谴责的,而被认为是勇敢的、值得褒奖的……国家的真正的破坏者……是那些生活在自由的政治联合体中,却拒绝认为言论自由不能受压制的人。"[13]

社会学与伦理学的现代思考,所能做的几乎只是阐述与证实对精神威力的这种胜利宣言。

霍布豪斯说[14]:"自由的价值,是要增进心智生活的丰富性,而国家控制的价值在于确保相关的外部条件的存在,包括不同意见的双方相互的克制,借此,心智生活的丰富性得到保障。在前一领域,落败的只会是强制;在后一领域,落败的会是自由。因此,国家控制的扩张基本上并不损害自由,相反,它本身是扩展自由的手段,人们可以并且应当把握与牢记的正是这个目标。于是,总体上,我们看到的是言论领域内不断解除限制的发展趋势,在这一领域,任何对人类具有价值的东西,都取决于自然的冲动、自由交流的思想与自愿的合作;与前述趋势相伴随的是,对社会连带的不断加强的趋势,这种连带性限制人们直接或间接地对其同伴施加伤害，并扩张国家行为的边界，以回应于日益发展的集体责任感。我们正在处理的是和谐发展的两个必要条件，它们明显是对立的，通过仔细地辨别它们各自的功能，我们要求二者和谐共处；同时，我们所要寻求的和谐，其总的方向可用以下说法来表达，即国家进一步的发展在于，将对国家控制的扩张保持在使心智生活得到更为充分的发展的程度。"

在他的另一本著作中，霍布豪斯回到了相同的主题[15]，并做了更为尖锐的阐释。

他说："在这样的自由与这样的控制之间，并不存在真正的对立，因为每一种自由都依赖于对相应行为的控制。真正的对立存在于，束缚个人生活与精神秩序的控制与旨在确保其不受妨碍地自由发展的外在物质条件的控制之间。"他又说[16]："自由主义不是以漠然的态度，而是怀着对真理力量的完全确信，来适用迦玛列

(Gamaliel)*的智慧。如果这件事属于人的构想,也就是它并不植根于真实的现实之中,它将毫无成果。如果它属于上帝的安排,则我们自当谨慎,不要与上帝进行对抗。"[17]

拉斯基在他的《政治典范》中这样说道:"自由的永恒本质看来是,每个个体的人格都应当获得充分的、不受阻碍的发展,不管这种阻碍是来自权威还是来自习俗,只有这样,人格的发展才能使自身的各类冲动达到充分的和谐。"[18]"既有的禁止规范一旦是为打破各类冲动之间的和谐而存在,限制就会变成对自由的侵犯,而这种和谐只有当一个人知道他在做值得之事时,才会出现。在限制阻挠了精神生活的丰富时,它会被认为是

---

* 《圣经》中使徒保罗之师,是一世纪中叶犹太公会中最主要的权威人士,在"口传法令集"(Mishina)中,有很多有关迦玛列的权威言论与决定,影响犹太人的社会生活甚大。——译者注

一种罪恶。"[19]"为享受一般的自由,我必须拥有一些自由权,这些自由权总体上将构筑一条经此而使我的自我能够达至最佳状态的道路。这不是说,自我的最佳状态一定会达到,而仅仅是说,我能够单独来创造那个最好的自我,没有这些自由权,我就会缺乏可供使用的塑造工具。"[20]"自由权因而是历史已经表明对于人格的发展而言必不可少的那些机会。"[21]

这些引文可能与自由的伟大信徒密尔的话非常接近,他早就预见,当他对心智世界的认知所作的其他贡献在思想发展的进程中变得落伍时,他为精神的自由发展而发出的疾呼,很可能仍存活于世。

在名为《论自由》(*On Liberty*)的论作中,密尔说[22]:"如果整个人类,除一人之外,持有一种意见,而只有一人持相反的意见,那么,全人类让那个人保持沉默,并不比他——假如他有这种权力的话——让全人类保持沉默显得更为正当。如果某种意见仅仅是个人的看法,除了对持有者之外没有什么价值,并且,如果阻碍人们享用它只构成对私人的伤害,那么,伤害是只涉及一些人还是涉及很多人,的确会存在一些区别。但是,压制意见表达的独特罪恶在于,它是对整个人类的掠夺,不仅是对现在的一代,也是对后代子孙;对那些意见异议者的掠夺,还甚于对意见持有者的掠夺。这是因为,如果相关意见是对的,那么,人类就被剥夺了以谬误交换真理的机会;如果意见是错的,则人类丧失了几乎同样重大的一个利益,即对真理的更为清晰的认识与更为生动的印象,它们都是从真理与谬误的冲突之中产生的。"[23]

当然,就像接受任何其他一般或抽象的原则一样,对这个原则的接受并不意味着,将它适用于具体的个案不会有出错的机会。施塔姆勒对涵摄过程的说法,在此也适用于其他地方。他说[24]:"迄今为止,公正之法的方法在适用中仍存在一些疑问,这一般是由于涵摄的问题所致。因为将一个特定的案件归入一般的前提之下,从来都不可能得到绝对准确的适用。一方面是因为不存在数理性的基础,另一方面是因为,在纯粹的概念逻辑安排之外,还有其他利益攸关的因素需要考虑。"[25]自由发展的权利并不排除政府确保年轻人获得最低程度知识的权力。当然,即便在此,也仍然存在着不法侵犯权利的可能。在家父主义监护的伪装之下,国家可能会隐秘地、渐进地按自己的意志来塑造其成员。区别经常只是程度性的。这个世界所储存的某些知识,是通过多少世纪的辛劳才积淀而成的。这些知识储存的价值,已经为连续多代人所检验与证实,剥夺年轻人分享的机会,将使他们丧失进一步推动知识边界发展的机会。如果私立学校没有达到合理资质的水平,国家可以坚持,年轻人应当在自己设立的学校里接受培养,直到私立学校达到合理资质的水平为止。这种权力的行使,截然不同于对私立学校的完全的压制,不管后者有无优点,实施此类压制是要促进这样一种目的,即向国内的所有成员输送由国家确立的思想倾向与模式。人们可能会问,怎么知道所要求的水平何时已经达到了呢?除了特殊阶层的判断,也就是富有技能与经验之人的判断,或者说是那些受过教育学训练之人的判断之外,并不存在其他的标准。法院会参考这个标准,一旦得以确定,会受这个标准的约束,尽管确定标准的功能当然属于法院。类似的困难在非司法领域中可能也会遭遇到,举例来说,在大学中会面临学术自由这一不断再现的问题。人们普遍同意,不应该开除一个老师,除非是基于更好的理由,而不是因为他反复灌输新奇的、异端的或不受欢迎的理论的事实,即便相关理论的新奇、异端或不受欢迎可能甚至极端到可冠以无知的程度。在情势变幻不定的曲径通幽中,原则的溪流有时似乎要迷失自己,但它最终仍会出现,追寻其光辉灿烂的旅程。

思想与行为之间的区分有时也很棘手。我们获得保障的自由不是行为的自由,而是思想与言论的自由。在某些情境下,思想与言论可能与行为相等同。当触及这个边界时,我们也就触及到豁免权的限度。密尔说[26]:"没有人会声称,行为应当与意见一样自由。相反,在表达意见的周遭情境足以使相关的表达变成对某一危害行为的积极的唆使时,即便是意见也会丧失豁免权。粮食商贩是穷人挨饿的罪魁祸首,或者私有财产是强盗这样的意见,当它只是通过媒体获得简单的传播时,就不应受到干扰,但是,当它是在粮食商贩的房屋前,向一群情绪激昂的集会暴民口头传达时,或者以标语的形式在同一群暴民中四处传递时,引发惩罚可能就是公正的。不管是哪种行为,在不具备正当化事由而对他人造成危害时,就可以(在更为重要的场合则绝对需要)受到相反看法的控制,必要时还可借助人们的积极干预来进行控制。"[27]霍布豪斯也持这样的看法[28]:"甚至在涉及言论的问题上,只有观点与劝说才能获得绝对的自由,但即便在此,也必须承认,有一些劝说的形式实际上是强制性的;同时,年轻人或弱者的自由必须受到多大程度的保护,以抵制各类压制意志的诱惑形式,国家对此予以考虑也是正当的。除此之外,当言论引发——不管多么谨慎——对他人构成强制的行为时,这会促使国家以自由本身的名义来发挥作用。"[29]

人们会发现,将这些看法适用于法院的某些判决中是具有指导意义的。比如,我们可以将它们适用到这样的判决之中,即一夫多妻制不会因为相关做法所设定的价值属于教会的信条,就受宪法的保护而不允许立法机关废除。[30]我们也可以将它们适用于对表达自由的限制,此类限制在战争的紧急状态或者和平时期为保护国家安全时被认为是允许的。于此,在何种程度上对言论自由进行限制与豁免,是很棘手的问题。"确实可能存在对治安的各种侵犯行为,"斯蒂芬(Stephen)在《英国刑法史》(*History of the Criminal Law*)中说[31]:"此类行为可能侵害或危及生命、身体或财产,同时,可能会存在对此类犯罪的教唆行为。但是,对政府的任何可想象的批评,由于不存在直接产生侵犯治安的可能性,均不应被当做犯罪。"[32]我们通常也可以这样来谈言论自由的问题。但就这一检验标准而言,阐述比具体适用要容易得多。晚近有一些判决,如艾布拉姆斯诉美利坚合众国案(Abrams v. U.S., 1919, 250 U.S. 616)与纽约诉吉特洛案(N.Y. v. Gitlow, 1925, 268 U.S. 652),在联邦最高法院的法官之间出现了尖锐的意见分歧。[33]这种分歧警示,要对行为与看法的相互作用关系进行平衡,其标准必定是相当棘手的。如果在解读这种平衡时存在疑惑,则自由优先的推定应作为决定性的原则。这个教训(如果不是其他教训的话)从周遭的黑暗中显现出来。在经历一个多世纪的寒冷之后,伏尔泰思想的火种仍然闪闪发光:"我并不认同你说的内容,但我誓死捍卫你说话的权利。"

当我们从思想或精神的自由转向自由的其他形式，尤其是经济自由时，会陷入其他的麻烦之中。问题可能并不更棘手，但至少是更为错综复杂，更不统一，且很分散。特别是，当我们将它视为法律问题而不是社会问题时，就更是如此，因为我们的宪法在发展自由的观念时，不允许将自由发展到侵犯宪法所保护的制度——即私有财产制度——的程度。制定法可能因损害基本的财产权利而被推翻，即便通过确立更为广泛的分配平等，它们可能有助于经济自由的发展。在将社会科学家的教导适用于法律之前，必须要做一些纠正，以便将那些偏离性的力量考虑进去。然而，这并不意味着，可以完全忽略社会科学家的教导。

就我所见，对经济自由领域中社会思潮发展趋势的最为清晰的阐述，莫过于霍布豪斯在《自由主义》(*Liberalism*)一书中有关"自由放任主义"的章节。从一开始，曼彻斯特学派就反对通过政府行为对产业工人的劳动时间进行规制。规制被认为与契约自由的原则不相一致。不久之后,事实就表明,这种契约自由仅仅是口头上的。"试想,一方是雇用500名工人的工厂主,另一方是没有其他谋生手段而寻求雇佣的工人。假定他们对合同条款进行商讨。若是商讨失败,雇主只是失去一个工人,但仍有499名工人使他的工厂保持运转。对雇主而言,最糟糕的情况不过是,在另一名工人出现之前,可能有一台机器,其运转在一两天中会遇到一些困难。但在此期间,这位失业工人就可能没饭吃,可能要看着他的孩子挨饿。在这样的情况下,哪有有效的自由可言呢?"[34]行业工会主义得以发展,便是要努力调整其间的平衡。由此而给工人带来的好处,促使工会主义作为一项重要的经验而被推广适用。这表明,"在合同的事务上,真正的契约自由要求当事人之间的实质平等。如果一方居于优势地位,他就能强制规定合同条款;而另一方因处于弱势位置,他就必须接受不利的条款"。[35]

托克维尔深信,在大多数人的心灵中,对平等的热爱要比对自由的热爱更为强烈。但这样的对立意见并不真实。平等是自由的必要条件,或者至少对于社会自由而言是如此,这种社会自由与非社会的、无政府的自由形成对照。对平等的偏好,在其根源处,因而存在一种正确的核心直觉。"没有平等的自由,声名良好而结果恶劣。"[36]

认识到这一真理,使得我们的法律日益地接受立法机关规制工业条件的权力,即在富人与穷人之间确立一定程度的机会平等。对这一运动曾经存在反对意见,后者建立在个人主义的哲学之上,这种哲学曾一度渗透于法院的判决之中,但是,此种运动已经获得了无法抵挡的推动力。于是,我们看到,可能出现这样的立法:要求在出租房屋与工厂中使用安全装置;认定工人据以免除雇主法定义务的合同无效;限制女工的劳动时间,在诸多犹豫之后,最终对男工的劳动时间也做出限制。英国在"血汗行业"中建立了薪资委员会,确定支付给工人的薪资不受年龄与性别的限制。[37]美国联邦最高法院的一个判决,将对工时的规制与对薪资的规制做出区分。[38]实际上,当人们不是从消极的、个人的角度,将自由单纯理解为限制的缺乏,而是从积极的、社会的角度,将之视为依据机会自由的目的而对限制所作的调整,则对工时的规制与对薪资的规制之间便没有什么区别。该判决在法庭成员之间引发了尖锐的不同意见,同时也受到法学思想的领军人物的批评。[39]

我已经说过,在遭遇这种秩序的问题时,社会科学的回答毫不含糊。霍布豪斯说[40]:"社会的自由区别于非社会的自由。非社会的自由指的是一个人有权使用他的权力,无须顾及除自己之外任何他人的愿望与利益。这样的自由,在理论上对个人来说是可能的,它与所有的公共控制都相对立。但在理论上,它对生活在相互关联之中的多数个人而言,是不可能的。这是一种社会性的矛盾,除非所有人的愿望都自动地与社会目的相适应。除了千禧年的自由王国之外,任何时代的自由都建立在限制的基础上。它是一种能为社会中所有的成员所享有的自由,是在那些不涉及侵害他人的行为的界线之间进行选择的自由。随着对行为社会效果的体验趋于成熟,随着社会良知的觉醒,伤害的内涵会有所扩张,对其原因的洞察也会不断加深。限制的领域因此也就会增多。"

"或许对一个浮于表面的观察者而言,"一个从事社会结构研究的有识之士说[41],"民主政体下,控制、审查与规制的增加似乎意味着更多地限制人格的自由展开。但是,对不同的自由进行权衡是必要的,我们会看到,总体上(不管我们可能提出怎样的批评,设定怎样的例外),新近对自由的诸类限制都是非主要的,始终使个体性(individuality)的本质保持着自由,这与先前那些攻击个体性之核心的限制并不相同。"

让我回到霍布豪斯的这些话:"随着对行为社会效果的体验趋于成熟,随着社会良知的觉醒,伤害的内涵会有所扩张,对其原因的洞察也会不断加深。限制的领域因此也就会增多。"我们必须学习这样一个教训,即在"自由"概念内所包含的诸自由权,在不同的地方与不同的时代会有所差异。为一个人口密集、高度组织化的工业社会所必要的各类限制,可能对一个由农民与矿工组成的拓荒社会而言是恣意的、压制性的。山川、农作物与气候之类的自然与地理条件,都会影响生活的方式,并对生活中的诸多规则与自由施加影响。[42]当然,经济条件也具有不容忽视的影响力。在贸易管制方面,我们的反垄断与反兼并的制定法证明了法律中这样一个潜在设定:自由可能会被推进到摧毁自由的程度。当然,相应的教训是,在确定宪法豁免权的内容时,我们必须始终关注具体的事实,在此基础上来对制定法的有效性进行检验。在断言自由是否因影响其生活方式的规制措施而有所增减之前,我们必须知晓,人们是如何工作、如何生活的。

即便具备所有这方面的知识,仍有可能出错。我们仍然面临"法律与生活中这样一个永恒的谜题:在何时,我们才算走得太远了呢?"[43]不过,沿路其实仍存有路标,只要我们具备解读它们的技能。阿克顿勋爵告诉我们,"希伯来民族所树立的榜样是构建两条平行线,依据它们,人们赢得了所有的自由。这两条平行线中,一条是民族传统的教义,它是宪法经由发展(并非本质性的改变)的过程而从根基中生长出来的原则;另一条是高级法的教义,它指向的是这样一个原则,即所有的政治权威都必须依据非人类创制的法典而受到检验与改造"。[44]我们费尽心力收集获知具体的事实,但在对它们的意义进行解读之前,必须使这些事实符合前述教义所代表的检验标准。传统发展路径的教义对影响深远的变动予以禁止,也就是禁止突然开始的、达到剧变程度的那种革命性变动。然而,审查人员需要具备谨慎与谦卑。实际上,在代议制的民主政体中,对现有法律秩序进行剧烈的颠覆,而又得到由人民选举产生的立法机关的批准,这样的情况是很少见的。有论者指出:"宪政结构中的历史连续性,并不必然意味着适用历史上的陈规旧俗。对连续性的尊重要求在多大程度上遵循过往,这涉及裁判的技艺,它或多或少提出了最终决定案件的那些问题。"[45]立法机关及法院是宪法权利的解释者与守护者。[46]我们要谨防思想上的褊狭,将每一次对习性的销蚀都当做灾难性的革命。然而,仍然存在第二种检验标准。高级法的教义如今已经没有神学上的意义指涉,或者说不具有必然与神学相关的内涵,它相当于施塔姆勒的自然法学说,只是内容会有所变动[47]——在做出变动时,高级法的教义会在民族传统的限度之内,根据相关变动在当时通行的时空条件下,其倾向是促进还是妨碍人格的自由发展,来检验变动的有效性。

自然权利的现代学说尽管保留了标签,但在内容上,与一个多世纪之前发展出来的自然权利学说只有很少的相同之处。在明尼苏达大学的诺曼·怀尔德教授(Norman Wilde)所写的《现代国家的伦理基础》(*The Ethical Basis of the Modern State*)这本小书中,你会找到有关自然权利的现代观点,他的概括相当简洁明了。"自然权利的现代学说既是现实的,又是历史的。它对人性本身与抽象权利一无所知,所发现的只是一套不断变化的传统,这套传统涉及社会福祉的基本条件。在一个民族发展的每一个阶段,我们都会发现某些生活标准,这些生活标准确定了人们愿意忍受既定秩序的相关条款。只要社会满足这些条款,他们就愿意和平地从事自己的事务;但如果这些条款未得到满足,其基本生活习性与行为习性受到干扰,他们就会奋起反抗,主张他们的权利。这些基本的权利是什么,并非由抽象的人类本性所决定,而是由特定时代与民族的习惯与期望来决定。我们可以笼统地提及生命、自由以及对财产与幸福的追求,但这些触动人心的条款将没有任何意义,除非将它们解释为特定民族与特定时代的条款。在每一个成长着的社会里,都存在对其权利做出修正与重新解释的需要,就像不断长大的孩子,需要更换衣服一样。"[48]

对一个国家及其全体国民而言,宪法中对自由的保障是这样的一种保证:在文明的特定阶段中被当做首要的、基本的权利诉求与豁免权,应当得到保护,不受政府机构的破坏或侵犯。在这个主题之下,我们可以将一些判决进行分类,这些判决对正义的必备要素做了界定,它们对法的正当程序的实现来说必不可少。这些要素诸如,经告知与听证之后才允许作出判决,审判必须由不偏不倚的、与案件无利害关系的法官来主持。就在前些天,这个原则被用来推翻一个有罪判决,这个有罪判决由一位治安法官所作出,后者的薪酬是从其所施加的罚金中按比例提取的。[49]此类要素还包括,审理必须冷静、审慎,或者至少存在公平的机会。如果判决所作的只是记录一群暴民的诉求,则不管以什么形式出现,这样的审判都形同虚设。[50]在此,举一些对基础性权利领域可能构成侵犯的事例。某些已裁决的侵犯权利的情形,有时从哲学或正义的角度来看,侵害并不很明显。尤其在界定契约自由的边界时,就更是如此。然而,限定豁免权范围的责任必须有人来承担。在我们的宪政体系中,这个责任一直是由法院承担。这种权力不应因琐碎而草率的行使,而受到贬低或变得可憎。它必须要为真正的紧急状况而保留。相比于那些为制定法所支持的利益,自私的利益群体的推动,或者更多的是缺乏热情或者漠不关心,这些因素可能促使立法者有时会忘记或无视更为长远与基本的利益。在转瞬即逝的潮流之下,法官被期待能够辨识更为深层的原则,并确保它不为正在流逝的、特定的东西所湮没。

这种将自由(尤其是经济自由)理解为流动的、持续变化的东西的观念,意味着法院有责任根据时间、空间与环境来决定自由的内容。在我们的时代,一直都颇多地强调,需要根据时间、空间与环境所显现的目的,来对事实裁判机构进行组织。现代生活非常复杂,如果法官所获得的信息不比通常所获得的更为充分,那些显而易见的对自由的诸种限制,其意义就可能会丧失。结果就是,将自由当做静态的、预先确定的东西。在切斯特莱顿(Chastleton)案[51]中,联邦最高法院的判决可能被证明是打进去的一个楔子,它将开创新技术的先河。关键问题在于,是否哥伦比亚特区的紧急状况已经终结,而正是这种紧急状况,被认为构成对房屋租金进行限制的制定法的正当根据。法院声称,如果是以自身的司法知识作为行动的唯一基础,它会认为,紧急状态已经过去。然而,法院拒绝做这样的限制,而是将案件发回重审,要求原审法院进行调查与报告。几乎没有疑问的是,按照在许多司法区的流行做法,法院本来会以司法认知（judicial notice）为基础而对案件进行处理。一种可予推广的方法由此而萌生。相较于迄今为止的情况，各个法院应该会感到，其在通过调查来使判决获得相关的信息（inform their judgment by inquiry）方面变得更为自由。另一方面，正是对调查的这种需要警示人们，在缺乏对事实的充分揭示时，就该比此前更乐于服从立法者的判断。这种有效性的推定，应当不只是伪善的套话，在判决意见一开始时装模作样地重申，最终却抛之脑后。

一种基于经验的自由主义的解药，经常能十足地治疗以某一理论为基础的陷于瘫痪的抽象化做法。许多制定法上的革新，起初都被认为具有邪恶或者破坏性的一面，如今人们对其创新已不再恐惧。以城市规划分区方面的一系列制定法为例，这些制定法在很多州已经获得认可与实施。[52]若是在早一个年代前，法院会以对作为财产权属性的使用自由的不当侵犯为由，而推翻这些制定法,对此,我几乎不存疑问。即使在我们的时代,如果这些制定法被放到联邦最高法院的面前,因其在立法中仍是新事物,我也怀疑它们所遭遇的命运。然而,事实是,到它们经受住这种挑战为止,这些制定法已经成功地运行于广阔的整片土地。经验的检验标准已经证明,它们是保护性的力量,而不是破坏性的力量。此外,因此而得以维护的价值不只是私人的或道德的,即健康、舒适、合宜与秩序的价值,尽管很可能单是这些价值就已足够;得以维护的价值还包括财产价值,它们因而与保守主义的传统紧密关联。维护这些价值的立法可能在倾向上是社会主义的,但现存秩序的支持者们,只要想到它既不属于无产阶级,也不激进,就能舒心地予以接受。食人妖魔已经失去了魔爪,而呈现出作为朋友的一面。

如果推理有时会因固守抽象概念而无效,那么,它也会因先入为主的假定以及寻找论据来支持的做法而无效。这是内在于司法过程中的弱点。[53]然而,重要的是尽可能地消除单纯个体的或私人的先入之见,使先入之见在某种程度上与我们相分离,不是基于直觉或直觉性的喜好与厌恶来构建它们,而是以开放的自由主义文化为基础,也就是以一种被认为并被说成是举世最佳的知识——如阿诺德所言(Arnold)——为基础,所谓的最佳,是就其与待解决的社会问题的关系而言。当然,即便我们付出最大的努力,也无法使自己远离那个无法言喻的情感王国,远离那个太过根深蒂固与顽固不化而成为我们本性中的一部分的信念王国。"我应当客观描述我所看到的事物,"年老的叶芝对他当诗人的儿子说,"当然,我真正描述的东西会有所不同,因为我的本性会在不知不觉中流露出来。"[54]在这其中,并没有什么新的内容。很久以前,培根在他对思想的谬见所展开的透彻分析中,就教给我们相同的道理:"人类的思想与那些凹凸不平的镜子很相像,后者将自身的特性传递给物体……使物体扭曲与变形。"[55]这个道理即便不是新的,也并没有过时。思想过程与社会过程的现代研究者们,最好也将它谨记在心。霍布森(J. A. Hobson)说[56]:"心理学已经几乎扫除各类矫饰。诚实是一个程度的问题。"这种弱点并不是法律中的推理所特有;它扩展到所有社会科学的推理之中,并且,在某种程度上,它涉及所有的推理。用杜威的话来说,"思想萌芽生长,观点繁衍增生。它们都来自于深层的无意识……信念的素材并非产生自我们,而是由其他源泉传递给我们,包括教育、传统与环境的各种暗示"。[57]我们所能希望的至多是,从对自身弱点的认知中来进行力量的锻炼。

我说过,在我们的宪法中,为社会科学所塑造的自由概念必须受到限制与规制,以免出现对私有财产权的不当侵害。侵害何时变为不当,人们无法轻而易举地在某个程式的范围内来进行陈述。再一次地,存在进行妥协的必要;在过度的倾向之间,在太过狭隘以致无法容忍的自利主义与太过宽泛以致难以实现的利他主义之间，要画出一条中间线来。与法律中一样，在道德中我们也面临类似的对立命题。温德班（Windelband）在他的《哲学导论》（*Introduction to Philosophy*）写道[58]："倘若个体的幸福是其他所有人都必须予以尊重的价值，但该个体却被禁止来发展幸福，这将是……一种自相矛盾的状态。"私有财产制度是法律向人类思想中的自利所支付的贡赋。然而，人类的本性并不只有自私。法官与立法者已经看到，如果是基于对人类需要的回应而进行塑造，私有财产必定是消除野蛮之后的自利主义的一种表达。但是，那些在特定时空中习以为常的利他主义的冲动，也必须要允许其发挥作用。我们赋予所有权名下的许多权力与特权，并非在所有时代都一成不变。这些权力与特权必须被组合起来，并时不时地进行重新捆扎。正如我以前所指出的，"今天人们在说，像其他任何社会制度一样，财产也具有需要履行的社会功能。破坏这一制度的立法是一回事,将这种社会功能当真的立法则是另一回事"。[59]

在法院的这些宣告背后,会看到对前述事实的认可,尽管人们有时太过强调从过去继承而来的各种限制形式,并且相应地不愿考虑当下的迫切需要。社会的推动力,即使在为人所感知时,也一直受到掩盖,有时则隐藏于不完整的或者回避问题的程序或话语之下。通常的陈述是,任何时候只要财产处于"影响公共用途"的状态,对财产权就可以进行限制。[60]这种表述具有便于使用(即便有些欺骗性)的含糊性[61],在它的掩盖之下,对所有权的傲慢给予了诸多谦恭的教训。可以这么说,越来越多的事务为公共领域所吞并,看起来有时甚至还能无限地进行扩张,直到前些天出现一次不期而至的审查。在纽约剧院票务经纪人案中[62],判决是基于微弱多数的赞成票而作出,该判决以更为严格地遵循那些限制,遵循那些只因时间流逝而变得神圣的限制的形式,而设立了一个新的防波堤。然而,与此同时,对海岸线进行标记的测量员,在笔记本上将已记下许多的变化。涉及价格管制的事务可能包括,谷物起重装置的使用费率,海运与陆运的交通费率,煤气与水的使用费率,电报与电话费率,甚至是火灾保险的费率。[63]不仅是这些,还有在某种条件下严格而言属于私人的业务,也可能由于其他新的条件的出现,而在一夜之间具有准公共性。土地与建筑物的所有人可能发现,一旦紧急状况迫使限价成为实现社会正义的必要手段,自己在本可自由开价的租金问题上便会受到限制。[64]在这样的时期,先前的合同便不允许对国家促进公民福祉的权力进行妨碍,国家保护其公民不受贪婪的个人主义的侵犯。[65]城市规划分区的法律甚至走得更远,已经将规制的范围扩大到私人用途的财产,即便紧急状况并不存在。联邦政府也认为,一旦存在紧急状况,就要放松相关的约束。在萧条与紧缩时期,国会可能愿意自己行使权力,来确定州际运输线路上的工程师和其他人员的薪资。[66]即便在更为平和的时期,铁路公司也不得不将超过最高比例的利润中的一部分交给政府。[67]人们所接受的教导是,财产就像自由一样,它的一些颇受珍视的豁免权不是绝对的,而是相对的。随着岁月的流逝,我们必须越来越多地学会辨别,在所有权的概念中什么是基本的,是宪法始终如一要给予保护的,而什么是附属的或非基本的,是呼应社会的需要而可变更与可分割的。

当说到法律与自由以及二者之间的妥协时,我们心目中至关重要的东西,通常是宪法豁免权定义中所涉及的那一类问题。然而,无论何时,只要一个法律规则延伸到此前没有涉及的领域,本质上,这个问题就并无不同。"A是否应当就行为造成的结果对B负责",这个问题仅仅意味着,"A对B施加损害的自由是否应当受到限制,以便保护B免受损害的自由?"在决定是否应当的问题时,我们必须再一次地评估所涉及的社会利益。

要顾及具有确定性的社会利益。先例与类推的力量可能使我们拒绝接受,反之本来会给予认同的扩张情形。如果这些指引力量沉默不语或者并不具有决定性,我们会考虑正义或权宜(expediency)因素所给予的提示,而其可能涵盖从至关重要的因素到那些单纯的便利性因素。正如宾丁(Binding)所言,"法是一种人类自由的秩序"。[68]自由与限制、个人与群体这些对立的命题,是那些更为宽泛的、处于所有存在物之核心的对立命题的表述,即单个与多数,静止与运动。二元对立无处不在。

我们确认某种社会利益值得保护,所依据的标志之一是,人们自发地、持续地建立群体来对它进行维护。[69]当然,这个标志并非绝对可靠。有一些群体,具有足够的自发性与持续性,比如克莫拉式的团体*、秘

---

* 克莫拉(Camorra)是1820年前后在意大利那不勒斯组成的一个秘密团体,一度发展成颇有势力的政治组织,后因从事诈骗、抢劫等非法恐怖活动而被取缔。——译者注

密组织、革命团伙,但其目标都具有反社会性。即便如此,自发性与持续性仍是不容忽视的标志,表明相关的联合过程是在朝着一个社会目标而前进。工会发展的历史是一个突出的例子。法律起初将它们视为无法容忍的事物,人们认为,它们属于限制贸易的有害的联合体,即便有些作用,从长期来看也是既无益又有害,因为据说无情的经济"法则"将抵消胜利的成果,并使之恢复到先前存在的水平。[70]实际结果与这种预言相背离。联合与统一的动力如此地具有自发性与持续性,以致任何禁令都难以遏制它。各个法院认识到这一点,并做了让步。[71]法院有时也受到立法的帮助。然而,在许多司法区,即便缺乏立法的帮助,法院也达成了同样的结果。工会是回应社会压力而出现并重复出现的组群形式,这种社会压力在持续性及强度上与要求制定法律的压力相类似,基于此,法院不再将这种组群形式谴责为非法的、反社会的。工会是否被归入法人的范畴,是另外一个相当次要的问题。最关键的问题是,它们是合法的。国家会对它们进行约束,就像对个人甚或政府机构进行约束一样。[72]但国家不再否决它们或摧毁它们。在自由与限制之间的斗争中,一种新的自由,通过持久的大声疾呼而得以在人们的头脑与心灵中肯定自身的存在,从而变成法律所保障的自由。从心灵的本能之中,产生了这项法律权利。在交战的对立双方之间,新的妥协所带来的和平已经到来。

我从斯特雷奇关于蒲柏的文章中引用了一句话。现在,我大胆地在他原初所论述的语境下再重复一遍。他说:"对立命题充斥于结构之中;它充斥于他的整个工作构想。基本的对立,彼此冲撞,又相互调和。"普通法裁判方法的无名作者们,对其作品可能会说相同的话。对立命题充斥于结构之中。这是法律过程的神秘之处,也是它的吸引力所在。这些永恒的悖论,用谜一般的挑战,用猎物的刺激,来逗弄我们。法律就像一般的科学那样,若是能追根溯源,它将带我们到矿脉与山脊之下,直抵那未经发掘的存在深处,也就是面纱之后的现实。法学家一定不要因为他的探测锤没有达到目的地而绝望,对此,哲学家一直努力了两千多年而仍徒劳无功。他最好向一些哲学家学习,调整自己的雄心,在一定程度上重塑他的哲学观念,并将之作为更真切地评估价值、更合理地安排生活的方法。[73]的确,他会希望,在学习与思考之后,最终可以发展出某种计算程式,这种计算程式比哲学家或法律人迄今所能设计的要相对可靠一些。与此同时,在紧急状况与常规现象的迷宫之中,他要尽其所能地致力于微小的妥协与调整,满足于转瞬即逝的那些权宜之计。有时,这些权宜之计会因其不确定性而使他感到苦恼。当接近终极的边缘时,不确定性会大量存在于每一门思想与知识的学科之中,牢记这一点应该会使他振作不少。"不管对哪个智力活动领域进行探索,"我引用一位杰出法官的表述,"你都会发现,在较高层次的研究与判断中,少数精英之间的观点也迥然相异。"[74]意识到这一点,人们就会受到鼓舞。而一旦想到,在我们的阵营中,还有诸多看不见的、老练的同盟者,他们通过其他的力量,在帮助我们赢得这场战斗,人们就会更感鼓舞。因为法律成长的过程首先是一个社会过程。个人的智识并不像看起来那样孤立无援。塑造生活方式与道德的压力,最终也会塑造法律;所针对的经常是法官所造之法,在偶尔失败时,则针对制定法所宣告之法。创新精神、聪明才智与理想主义都会有所助益。在缺乏这些因素时,就可能出现偏差与障碍。但是,只要压力持续地发挥作用,人们最终会发现回应的思想。

希腊戏剧中的斯瑞西阿德(Strepsiades)迫切地想要逃避偿还债务。他得知,以苏格拉底为首的诡辩学派,既有为善的逻辑,也有为恶的逻辑,借助于为恶的逻辑,不正义能够伪装成正义。因此,他满怀期待地去找这个学派，祈求完美地运用能够骗人的逻辑。由于他又老又蠢无法学会，他的相对聪明的儿子就代替他去当学生。这个儿子只是学好了为恶的逻辑。不久，他就向这个不幸的父亲证明，儿子的责任就是殴打父母，并掠夺他们。该剧以斯瑞西阿德的幡然悔悟而告终。我们必须发誓弃绝为恶的逻辑，为善的逻辑才是通往幸福与和平的道路。

我笃信阿里斯托芬。然而，即便已很古老，在今天的法庭上，这两个对抗的逻辑之间的争斗仍清晰可闻，喧嚣声中，和平与幸福的寻求者则困惑依旧。

注 释

第一章

[1] *Science and the Modern World*, p. 24.

[2] Whitehead, *op. cit.*, pp. 50, 181; Bertrand Russell, *the A. B. C. of Atoms*, pp. 9, 54. 55, 以及同一作者的"Philosophy", pp. 101, 107.

[3] Bertrand Russell, *the A. B. C. of Atoms*, p. 9; *cf.* Bertrand Russell, "Mathematics and Metaphysics," in *Mysticism and Logic*, p. 84.

[4] Demogue, *Analysis of Fundamental Notions*, vol. 7, Modern Legal Philosophy Series, p. 570. *Cf.* Bryce, *Studies in History and Jurisprudence*, quoted by Andrews, "Recent Decisions of the Court of Appeals," 12 *Cornell Law Quarterly*, 433.

[5] Demogue, *op. cit.*, pp. 429, 430, 448.

[6] Haldane, *The Reign of Relativity*, pp. 11, 37, 63; Dewey, *Experience and Nature*, p. 46.

[7] Demogue, *op. cit.*, p. 570.

[8] *Op. cit.*, p. 445.

[9] G. Lowes Dickinson, *Justice and Liberty*, p. 142.

[10] *Science and the Modern World*, p. 281.

[11] Article "Jurisprudence" in *the History and Prospects of the Social Science*, by Harry Elmer, Barnes, and others, p. 472.

[12] *Cf.* Cardozo, *The Growth of the Law*, p. 67.

[13] Whitehead, *op. cit.*, p. 34.

[14] Pollock, *Essays in Jurisprudence and Ethics*, p. 85.

[15] Pound, "Common Law and Legislation," 21 *Harvard L. R.* 383.

[16] *Cf.* M. R. Cohen, "The Place of Logic in the Law," 29 *Harvard Law Review*, 629; Frankfurter, "Hours of Labor and Realism," 29 *H. L. R.* 369.

[17] Haldane, *The Reign of Relativity*, p. 55; cf. p. 92; Bertrand Russell, *The A. B. C. of Relativity*, pp. 24, 69.

[18] *Cf.* Lippmann, *The Phantom Public*, p. 89; W. F. Ogburn, *Social Change*, p. 199; Sorokin, *Social Mobility*, p. 4.

[19] "The Evolution of the Ocean Bill of Lading," 35 *Yale Law Journal* 549.

[20] McLaughlin, *supra*, p. 559.

[21] McLaughlin, *supra*, p. 560.

[22] Vietor v. National City Bank, 200 App. Div. 557; 1923, 237 N. Y. 538.

[23] See, *e. g.* Goodwin v. Robarts, L. R., 10 Ex. 346; Bechuan Land Exploration Co. v. London Trading Co., 1898, 2 Q. B. 658; Edelstein v. Schuler, 1902, 2 K. B. 144, 154.

[24] Bank of Manhattan Company v. Morgan, 1926, 242 N. Y. 38.

[25] Willis, J., in Millar v. Taylor, 1769, 4 Burr. 2303, 2312, quoted by Lefroy, 32 *L. Q. R.* 294.

[26] *Cf.* MacIver, *Community*, pp. 149, 150; Vinogradoff, Custom and Right, p. 34;"在我看来,对西欧习俗的比较性考查,揭示了三个主要因素:商业实践、传统以及与此相关的系统表述"。Vinogradoff, *op. cit.*

[27] Hobhouse, *Morals in Evolution*, p. 18.

[28] Hobhouse, *supra*, p. 18.

[29] Hobhouse, *supra*, p. 25.

[30] Hobhouse, *supra*, p. 30.

[31] Dewey, *Human Nature and Conduct*, pp. 326, 327; also pp. 75, 81.

[32] *Cf.* Korkunov, *General Theory of Law*, Modern Legal Phil. Series, p. 45; Dewey and Tufts, *Ethics*, p. 360.

[33] R. v. Jackson, 1891, 1 Q. B. 671.

[34] Pearson v. Pearson, 1920, 230 N. Y. 141.

[35] American Bank & Trust Co. v. Federal Reserve Bank, 1921, 256 U. S. 350, 358; Beardsley v. Kilmer, 1923, 236 N. Y. 80; Ames, *Lectures on Legal History*, p. 398; cf. however, Sor-

rell v. Smith, 1925, A. C. 700; Stammler, *The Theory of Justice*, Modern Legal Phil. Series, p. 253.

[36] Holdsworth, *History of English Law*, vol. 8, pp. 7, 42,47.

[37] Holdsworth, *op. cit.*, vol. 8, pp. 227, 228, 229, 252, 474, 476.

[38] Holdsworth, *op. cit.*, vol. 8, p. 227.

[39] Holdsworth, *op. cit.*, vol. 8, p. 476; vol. 3, p. 385.

[40] Holdsworth, *op. cit.*, vol. 8, p. 252.

[41] Holdsworth, *op. cit.*, vol. 8, pp. 229, 252,474,475; vol. 6, p. 520.

[42] 3 T. R., 51.

[43] Holdsworth, *op. cit.*, vol. 8, p. 426.

[44] Earl of Northampton's Case, 1613, 2 Co. Rep. 134.

[45] Davis v. Lewis, 1796, 7 T. R. 17.

[46] McPherson v. Daniels, 1829, 10 B. & C. 263; Holdsworth, *op. cit.*, vol. 8, p. 357.

[47] Odgers, *Libel and Slander*, 5th ed., p. 308.

[48] Odgers, *supra*.

[49] Usill v. Hales, 3 C. P. D. 324, 325; Wilson v. Walter, L. R., 4 Q. B. 93.

[50] Campbell v. N. Y. Evening Post, 1927, 245 N. Y. 320.

[51] 245 N. Y. at p. 328; cf. remarks of Cockburn, C. J., in Wasson v. Walter, 1868, L. R., 4 Q. B. 73.

[52] R. v. Ramsay, 1883, 15 Cox, C. C. 231; Bowman v. The Secular Society, 1917, A. C. 406; Bowne v. Keane, 1919, A. C. 815; Holdsworth, *op. cit.*, vol. 8, pp. 415-420.

[53] P. 418.

[54] 1917, A. C. 466, 467.

[55] *Cf.* Brandeis, J., in Adams v. Tanner, 1917, 244 U. S. 590, 600.

[56] 在 Lefroy 的论文中可以发现许多这样的例证,参见 Lefroy, "The Basis of Case Law," 22 *L. Q. R.* 293, and Andrews,

"Recent Decisions of the Court of Appeals," 12 *Cornell Law Quarterly* 433.

[57] Pound, *Law and Morals*, pp. 72, 73; and *cf.* his citation of Bentham, *Principles of Morals and Legislation*, ch. 17, sec. 19, Clarendon Press Edition, p. 323; Lefroy, "The Basis of Case Law," 22 *L. Q. R.* 293; Queen v. Instan, 1893, 1 Q. B. 450.

[58] 一个重要的判例是 Queen v. Instan, 1893, 1 Q. B. 450。在该案中,被告人是一名成年女子,没有自己的生活来源,她单独与供养她的73岁姑母生活在一起。姑母在生命的最后十天饱受疾病的折磨,完全丧失自理能力。在此期间,被告人也住在这个房子里,她食用了由商店提供的食物,但并没有将食物带给患病的姑母,也没有让姑母受到护理或者使之得到医疗救助。食物与照顾的缺乏,加速了姑母的死亡。英国王座法院分部一致裁决,在这种情况下,被告人负有向姑母提供足够食物以维持其生命的义务,她被认定构成非蓄谋杀人罪。首席大法官科尔里奇爵士指出(p.453):"说每一项道德义务都涉及一项法律义务,这是不确切的;但是,每一项法律义务都是建立

在道德义务的基础之上。一项普通法上的法律义务,只不过是通过法律来确保不具有法律执行力的道德义务得以履行。在本案中,不可能存在疑问的是,提供给死者为维持生命所必要的食物是犯罪人的明确义务,犯罪人不时地食用这些食物,并且由死者基于供养自己与犯罪人的目的而用自己的钱来支付;只有通过犯罪人,死者才能获得食物。因而,犯罪人负有普通法上的义务,而她并没有履行……虽然并不存在直接相关的判例;但是,倘若对这样的法律原则或处于该原则之内的当下案件提出质疑,则它将是对这个国家司法审判的玷污与耻辱。犯罪人对于死者负有道德上的义务,从该道德义务中产生了一项法律义务。"

依据伦理而定的决疑论将找到理由来说明,为什么本案中的法律意见不足以得出这样的判决结论,即陌生人对处于危险中的他人可能负有法律上的救助义务。不过,该案意见依然代表的是一种重要的观念趋势,这种观念趋势正日益地具有影响力。

[59] Morris R. Cohen, "Positivism and the Limits of Idealism

in the Law," 27 *Columbia Law Review* 237, 238.

［60］*Ibid*.

［61］*Ibid*., p. 237.

［62］*Cf*. Cardozo, "A Ministry of Justice," 35 *Harv. L. Rev.* 113, at p. 126.

［63］Stammler, *Theory of Justice*, Modern Legal Phil. Series, 198, 199; Vinogradoff, *Historical Jurisprudence*, vol. 2, pp. 64, 65, citing Aristotle's *Rhetoric*.

［64］P. 240; *cf*. Brütt, *Die Kunst der Rechtsanwendung*, p. 147.

［65］P. 241.

［66］P. 209; cf. Brütt, *op. cit*., p. 163:"存在很多这样的情形,在其中,我们的法律直接地参照正义之法(Sehr zahlreich sind die Fälle, in denen unser Recht unmittelbar auf richtiges Recht Bezug nimmt)。"

［67］《德国民法典》(*Bürgerliches Gesetzbuch*)。

［68］Sections 1134, 1359.

[69] P. 259.

第二章

[1] Cardozo, *Growth of the Law*, p. 87.

[2] Stammler, *op. cit.*, pp. 40, 54, 58.

[3] P. 55.

[4] *Principles of Ethics*, part ii, "Justice", sec. 246.

[5] *Principles of Morals and Legislation*, ch. x, sec. 2.

[6] Moore, *Ethics*, Home University Library; A. K. Rogers, *English and American Philosophy Since 1800*, p. 143.

[7] Dewey and Tufts, *Ethics*, pp. 237, 238.

[8] Ogden's Translations, *The Philosophy of As If*, p. xli.

[9] Birkenhead, *Fourteen English Judges*, p. 53.

[10] Edgerton, "Neglignence, Inadvertence and Indifference," 39 *Harv. L. R.* 849.

[11] See e.g. "Director of Public Prosecutions v. Beard," 1920, A. C. 479; Holdsworth, *op. cit.*, vol. 8, p. 443.

[12] 对施塔姆勒思想的有用的总结,参见 Hocking, *Law and Rights*。

[13] *Cf.* Kaufmann, "Der Kritik der Neukantischen Rechtsphilosophie," pp. 11, 16, *Tübingen*, 1921.

[14] Lévy-Bruhl, *La Morale et la Science des Moeurs*; Hobhouse, *Morals in Evolution*; cf., Demogue, *op. cit.*, 7 Modern Legal Phil. Series, pp. 376, 378.

[15] *Op. cit.*, p. 197.

[16] P. 213.

[17] P. 151.

[18] Dewey, *Human Nature and Conduct*.

[19] Cardozo, *The Growth of the Law*, p. 86.

[20] Hobhouse, *Morals in Evolution*, p. 554; Archibald Alexander, *A Short History of Philosophy*, p. 57; Plato, *The Republic*, Book iv, sec. 443 (p. 149, Golden Treasury ed.).

[21] *Cf.* Cohen, "Positivism and the Limits of Idealism in the Law," 27 *Col. L. R.* 237, 240.

［22］ Vinogradoff, *Historical Jurisprudence*, vol. ii, p. 63; Aristotle, *Nicomachean Ethics*, Everyman's ed., pp. 126, 127.

［23］ Vinogradoff, *op. cit.*, p. 63.

［24］ *Nicomachean Ethics*, Bk. viii, Everyman's ed., p. 183; *cf.* p. 197.

［25］ *Principles of Ethics*, part ii, "Justice," sec. 272; *cf.* Small, *General Sociology*, p. 603. 其他的定义,参见 Demogue, *Analysis of Fundamental Notions*, vol. 7, Modern Legal Philosophy Series, pp. 481, 482, 483, 493, 494; Cardozo, *The Growth of the Law*, pp. 86, 87。

［26］ *Op. cit.*, pp. 94, 193.

［27］ Haines, "The Law of Nature in Federal Decisions," 25 *Yale Law Journal* 617. 晚近的一个例证,参见 Yome v. Gorman, 1926, 242 N. Y. 396, 402, 404。

［28］ *Cf.* Dewey and Tufts, *Ethics*, p. 415.

［29］ F. N. Bk. v. Carnegie Trust Co., 1915, 213 N. Y. 301, 306; Mt. Morris Bank v. 23rd Ward Bank, 1902, 172 N. Y.

244.

[30] Pomeroy, *Equity Jurisprudence*, sec. 953.

[31] Depue v. Flatau, 100 Minn. 299; Ploff v. Putnam, 81 Vt. 471; Vincent v. Lake Erie Transp. Co., 109 Minn. 456; Bohlen, " Incomplete Privilege to Commit Intention Invasions of Property and Personality," 39 *Harvard L. R.* 301.

[32] Schuyler v. Smith, 1873, 51 N. Y. 309.

[33] Herter v. Mullen, 1899, 159 N. Y. 28.

[34] *Cf.* Jhering, *The Struggle for Law*, Lalor's translation, p. 81.

[35] Stammler, *op. cit.*, p. 300.

[36] *Cf.* Pound, *Law and Morals*, p. 111; Duguit, *Traité de Droit Constitutionnel*, vol. i, pp. 36, 41; Cardozo, *Growth of the Law*, p. 49.

[37] Korkunov, *General Theory of Law*, p. 61; Pound, *Law and Morals*, p. 110.

[38] 斯特里特以轻松愉快的方式表达了这种思想:"发展

必定存在,但发展不可能跳跃式地发生。不应省略任何中间的过程。在法律的成长过程中,老旧的原则会被超越,但这必定是通过自然的、不可避免的,在一定程度上又不为人察觉的步骤逐渐发生的。"参见 Street, *Foundation of Legal Liability*, vol. i, p.499。

[39] P. 616.

[40] Everyman's edition, p.46.

[41] Cardozo, *The Growth of the Law*, p.77; *cf.* Int. Prod. Co. v. Erie R. R. Co., 1927, 224 N.Y. 331.

[42] R. R. Co. v. Stout, 17 Wall. 657; U. P. R. Co. v. McDonald, 152 U.S. 262; Glasgow Corp. v. Taylor, 1922, A C. 1; Perry v. Rochester Line Co., 1916, 219 N.Y. 60, 65; *contra*, Walsh v. Fitchburgh R. R. Co., 1895, 145 N.Y. 301; and *cf.* United Zinc & Capital Co. v. Britt, 1922, 258 U.S. 268.

[43] Rice v. Butler, 1899, 160 N.Y. 578; Myers v. Hurley Motor Co., 1927, 273 U.S. 18; *contra*, McCarthy v. Henderson, 138 Mass. 310.

[44] Pompana v. N. Y. Ry. Co., 66 Conn. 538, 539; Glasgow Corp. v. Taylor, 1922 A. C. 1; Shearman and Redfield, *Negligence*, 6th ed., sec. 706.

[45] See, *e. g.* Buckley v. Mayor, 30 App. Div. 463; 1899, 159 N. Y. 558.

[46] Phelps v. Nowlen, 1878, 72 N. Y. 39.

[47] Rideout v. Konx, 148 Mass. 368.

[48] *Ante*, p. 14; *cf.* Exchange Bakery v. Rifpin, 1927, 245 N. Y. 260, 263.

[49] *Op. cit.*, p. 253.

[50] Lefroy, "The Basis of Case Law," 22 *Law Quart. Rev.* 293, 302, 303.

[51] P. 68.

[52] *Cf.* Duguit, *Traité de Droit Constitutionnel*, vol. 1, p. 361.

[53] Vinogradoff, *op. cit.*, p. 21.

[54] Cooley, *Social Organization*; Maitland, Introduction to

Gierke's Political Theory of the Middle Age, xviii; *cf.* Hocking, *Man and the State*, p. 351; Borchard, "Government Responsibility in Tort," 36 *Yale L. J.* 757, 774.

[55] Perry, *General Theory of Value*, pp. 461,462,465,467; MacIver, *The Modern State*, pp. 449, 452, 474; Laski, *Grammar of Politics*, p. 32; Hobhouse, *Social Evolution and Political Theory*, p. 87; Giddings, *The Principles of Sociology*, p. 132.

[56] Lippmann, "Public Opinion," "Liberty and the News," "The Phantom Public," *passim*.

[57] *Cf.* Cardozo, *The Nature of the Judicial Process*, pp. 108-111.

[58] Lippmann, *The Phantom Public*, p. 77; *cf.* pp. 168, 198; Hobhouse, *supra*; also Dewey, *The Public and Its problems*, pp. 116, 117, 123, 126, 177; and Lowell, *Public Opinion and Popular Government*, pp. 13, 15; C. H. Cooley, *Social Organizations*, p. 121.

[59] Giddings, *Inductive Sociology*, quoted by Barnes, *Soci-*

ology and Political Theory, p. 202.

[60] Cooley, *op. cit.*, p. 124; Hobhouse, *supra*.

[61] " Quid turpius quam sapientis vitam ex insipientium sermone pendere?" Cicero, *De Finibus*, Book II, xv (Loeb's *Classical Library*, p. 138).

[62] Holmes, J., in Noble State Bank v. Haskell, 219 U. S. 104.

[63] *Cf.*, W. H. Taft, *Popular Government*, quoted by Dickinson, *Administrative Justice and the Supremacy of Law in the United States*, p. 103; also Lowell, *op. cit.*, pp. 13, 15, 24, 46.

[64] Beard, *Rise of American Civilization*, vol. 2, p. 589.

[65] Perry, *op. cit.*, sec. 12.

[66] Bouglé's *Evolution of Values*, Sellars' translation, p. 16.

[67] Bouglé, *op. cit.*, p. 16.

[68] Bouglé, *op. cit.*, p. 147.

[69] Urban, *op. cit.*; Perry, *op. cit.*

[70] *Op. cit.*, p. 388.

[71] P. 408.

[72] Bouglé, *op. cit.*, p.16.

[73] Pound, article "Jurisprudence," in the *History and Prospects of the Social Science*, by Harry Elmer Barnes and others, p.472.

[74] *Cf.* Cardozo, T*he Growth of the Law*, p.94.

[75] Cardozo, *The Nature of the Judicial Process*, p.110; Brütt, *Die Kunst der Rechtsanwendung*, pp. 101, 139.

[76] *Cf.* Givler, "Ethics," in the *History and Prospects of the Social Sciences*, by Harry Elmer Barness and others, p.487; Aristotle, *Nicomachean Ethics*, Book vi, Everyman's ed., p.130.

[77]"因而,在表明法官确实并且必须造法的同时,我当然不是要主张,他们不受任何明智的限制,能够按其所愿创制任何法律。从事创造事物的每个人,都受程序规则与事物本质的制约。"M. R. Cohen, "Legal Theories and Social Science," *The International Journal of Ethics*, July, 1915, pp. 476, 477.

我们可以用罗伊斯(Royce)形容哲学的话语来形容法律:

"对于所有思考性的事业来说,思想的历史是我们共同依赖的基础,这一点毫无疑问。最佳的原创性——如果我们曾经获得任何原创性的话——必定来自于这种依赖。真正具有革命性意义的理论,在思想的历史上确实是很少的,也应该这么少。所有伟大的思考之路上,充斥着的都是不那么让人惊喜或奇迹般的或美好新颖的观点;甚至大部分奇迹,当它们被置于熟悉的宏大历史背景之下时,也不过尔尔。在思考的历史上,只有很少的时候,才会出现明显打断演进之连续性的情况。创新只是相对的,它们的价值也正是源于这样的事实。" Royce, *The Spirit of Modern Philosophy*, Preface, p. vii.

[78] *Op. cit.*, p.84.

[79] Pp. 84, 257.

[80] See, however, Peo. *ex rel*. Wineburgh Adv. Co. v. Murphy, 1909, 195 N. Y. 126; and *cf.* Matter of Wulfsohn v. Burden, 1925, 241 N. Y. 288, 300, and Welch v. Swasey, 1909, 214 U. S. 91, 108; Baker, "Municipal Aesthetics in the Law," *Ill. Law Rev.*, February, 1926.

[81] *In re* Debs., 1895, 158 U.S. 564.

[82] Wallas, *The Art of Thought*, pp. 80, 82, 94, 96.

[83] Lowell's *Life of Keats*, vol. 1, p. 477; *cf.* Wallas, *op. cit.*, p. 124.

[84] *Cf.* Cardozo, *The Growth of the Law*, pp. 92, 93.

[85] *Op. cit.*, p. 119.

[86] *Principles of Psychology*, vol. 1, p. 260, quoted by Wallas, *op. cit.*, p. 96.

[87] Dickinson, *Administrative Justice and the Supremacy of Law in the United States*, p. 128; Cardozo, *The Growth of the Law*, p. 100; Pound, *Interpretations of Legal History*, p. 119, *cf.* Hynes v. N.Y. Central R. R. Co., 1921, 231 N.Y. 229.

[88] 泰恩(Taine)对古典精神的定义,参见 *L' Ancien Regime*, p. 262, quoted by Wallas, p. 175。

[89] P. 135.

[90] Royce, *The Spirit of Modern Philosophy*, Hegel, pp. 212, 213.

[91] Dickinson, *op. cit.*, pp. 113, 119, 131, 141.

[92] Dickinson, *op. cit.*, p. 131.

[93] Brandeis, J., dissenting im Jaybird Mining Co. v. Weir, 1926, 271 U. S. 609.

[94] *Op. cit.*, p. 131.

[95] *Cf.* Brütt, *Die Kunst der Rechtsanwendung*, p. 183.

[96] Dickinson, *op. cit.*, p. 139.

[97] *Cf.* Wigmore, *Problems of Law*, pp. 79, 80.

[98] "A Ministry of Justice," 35 *Harv. L. R.* 113.

[99] Holmes, *The Common Law*, p. 1.

[100] Holdsworth, *History of English Law*, vol. 9, pp. 51, 52.

[101] Daimler Co. v. Continental Tyre Co., 1916, 2 A. C. 307.

[102] P. 316.

第三章

[1] F. L. & T. Co. v. Windthrop, 238 N. Y. 477.

[2] Stammler, "Fundamental Tendencies in Modern Jurisprudence," 21 *Mich. L. R.* 873; also Wu, appendix to Stammler's *Theory of Justice*, Modern Legal Phil. Series, p. 581; Cardozo, *Nature of the Judicial Process*, p. 138.

[3] *Cf.* Salmond, *Jurisprudence*, pp. 167, 168.

[4] Crowley v. Lewis, 1924, 239 N. Y. 264.

[5] Cammack v. Slattery & Bros., Inc., 1925, 241 N. Y. 39.

[6] Harris v. Shorall, 230 N. Y. 343.

[7] *Williston on Contracts*, vol. 3, sec. 1836.

[8] Edgerton, "Negligence, Inadvertence and Indifference," 39 *Harv. L. R.* 849.

[9] Wagner v. Int. Ry. Co., 232 N. Y. 176.

[10] Bohlen, *Studies in the Law of Torts*, "Liability in Tort of Infants and Insane Persons," p. 543; Seavey, "Negligence; Subjective or Objective," 41 *Harvard L. R.* 1; see, however, Williams v. Hays, 143 N. Y. 442; 157 N. Y. 541; O'Connor v. Hickey,

Mass., 156 N. E. Rep. 838.

[11] Edgerton, *supra*; Seavey, *supra*.

[12] Seavey, *supra*.

[13] Edwin Hanson Freshfield.

[14] Birkenhead, *Fourteen English Judges*, p. 360.

[15] Santayana, Preface to the second edition of the *Life of Reason*.

[16] *Mysticism and Logic*, p. 79.

[17] Pp. 125, 126.

[18] *Cf.* Kohler, *Phil. of Law*, 12 Modern Legal Phil. Series, p. 35.

[19] Leland Shipping Co. v. Norwich Fire Ins. Society, L. R. 1918 A. C. 350, 369.

[20] Bird v. Ins. Co., 1918, 224 N. Y. 47.

[21] St. John v. Am. Mut. F. & M. Ins. Co., 1854, 11 N. Y. 516; Ins. Co. v. Tweed, 1868, 7 Wall. 44.

[22] N. Y. & B. D. Ex. Co. v. Traders' & M. Ins. Co.,

132 Mass. , 377, 382.

[23] Bird v. Ins. Co. , *supra*, at pp. 54, 55; Kerr S. S. Co. v. Radio Corp. , 1927, 245 N. Y. 284, 290.

[24] *Cf.* James Angell McLaughlin, "Proximate Cause," 39 *Harvard L. R.* 149; Henry W. Edgerton, "Legal Cause," 72 *Univ. of Penn. L. R.* 211, 343; Joseph H. Beale, "The Proximate Consequences of an Act," 83 *H. L. R.* 633.

[25] 72 *Union of Penn. L. R.* 348.

[26] *Cf.* Bohlen, "Mixed Questions of Law and Facts," 72 *Univ. of Penn. L. R.* 120; Studies in the Law of Torts, p. 601.

[27] Barnes, *Sociology and Political Theory*, p. 53.

[28] *General Sociology*, p. 252; cf. Barnes, *op. cit.* , p. 33.

[29] Small, *op. cit.* , p. 257.

[30] P. 32.

[31] P. 96.

[32] P. 97.

[33] "The Social Theory of Fiscal Science," 41 *Pol. Sci. Q.*

210.

[34] *Cf.* Ernest Barker, *Political Thought from Herbert Spencer to the Present Day*, Home University Library, p. 175; MacIver, *Community*, pp. 78, 79; Small, *General Sociology*, p. 142; Young, *Social Psychology in History and Prospects of Social Sciences*, by H. E. Barnes and others, p. 156.

[35] *History of English Law*, vol. 9, p. 48.

[36] *Cf.* Henderson, *Foreign Corporations in American Constitutional Law*, pp. 165, 167; Kohler, *Phil. of Law*, 12 Modern Legal Phil. Series, p. 68.

[37] Consult Holdsworth, *op. cit.*, vol. 9, p. 48; Dewey, "The Historic Background of Corporate Legal Personality," 35 *Yale L. J.*, p. 655; Maitland, Introduction to Gierke's *Political Theories of Middle Age*; Barker, *Political Thought from Spencer to Today*, pp. 175-180; Laski, "The Personality of Associations," 29 *H. L. R.* 404; Borchard, "Government Responsibility in Tort," 36 *Yale L. J.* 757, 774; Geldart, *Legal Personality*; Bijur, J., in F. L. &

T. Co. v. Pierson, 130, Misc. N. Y. 11.

[38] Holdsworth, vol. 9, p. 47.

[39] *Cf.* MacIver, *The Modern State*, p. 475.

[40] *Cf.* Taff Vale Ry. Co. v. A. S. R. S., 1901, A. C. 426.

[41] Mulleck v. Mulleck, 1925, *L. R.*, 52 Ind. App. 245; "The Personality of an Idol," P. W. Duff, 3 *Cambridge L. J.* 42.

[42] Jones, "The Early History of the Fiscus," 43 *L. Q. R.* 499, 502; M. R. Cohen, "Communal Ghosts and Other Perils in Social Philosophy," vol. 16, *Journal Philosophy*, *Psychology and Scientific Method*, 679, 680.

[43] Saleilles, *La Personalité Juridique*, *passim*; Roguin, *La Régle de Droit*, vol. 2, pp. 434, 460, *et seq.*; Gray, *Nature and Sources of Law*, sections 137-140; Wise's *Outlines of Jurisprudence*, 4th ed. by Oliver, p. 49.

[44] Young, "The Legal Personality of a Foreign Corporation," 22 *L. Q. R.* 178, 187.

[45] Sandurg's *Life of Lincoln*, vol. 2, p. 182.

[46] *Treatises on Civil Government*, book 2, sec. 57.

[47] *Social Evolution and Political Theory*, p. 189.

[48] 参见同一作者的 *Liberalism*, Home University Library, pp. 23, 139, 140, 144, 145。

[49] Davidson v. New Orleans, 1877, 96 U. S. 97, 104; *cf.* Village of Euclid v. Ambler Realty Co., 1926, 272 U. S. 365.

[50] *Treatises on Civil Government*, book 2, sec. 21.

[51] Locke, *op. cit.*, Book ii, sec. 142.

[52] Locke, *op. cit.*, Book ii, sec. 131, 136.

[53] N. Y. v. Gitlow, 1925, 268 U. S. 652; Pierce v. Society of the Sisters of the Holy Name of Jesus and Mary, 1925, 268 U. S 510; Whitney v. Cal., 1927, 274 U. S. 357; Warren, "The New 'Liberty' under the Fourteenth Amendment," 39 *Harv. L. R.* 431.

[54] Yick Wu v. Hopkins, 1886, 118 U. S. 35, 369.

[55] Meyer v. Nebraska, 1923, 262 U. S. 390; Bartels v. I-

owa, 1923, 262 U. S. 404.

[56] Pierce v. Society, etc., 1925, 268 U. S. 510.

[57] *Cf.* Spinoza, *Tractatus Politicus*, ch. 8.

[58] Adkins v. Children's Hospital, 1923, 261 U. S. 525.

[59] Coppage v. Kansas, 1915, 236 U. S. 1.

[60] Truax v. Corrigan, 1921, 257 U. S. 312.

[61] Wolff Packing Co. v. Industrial Court, 1922, 262, U. S. 522; and 267 U. S. 552.

[62] Burns Baking Co. v. Bryan, 1923, 264 U. S. 504.

[63] Weaver v. Palmer Bros. Co., 1926, 270 U. S. 402.

第四章

[1] Beard, "The Great American Tradition," *The Nation*, vol 123, no. 3183, p. 7, July 7, 1926; *cf.* Beard, *The Rise of American Civilization*, vol. 1, pp. 151, 152, 160, 185, 379, 449, 487.

[2] See *e. g.*, Jefferson's *Bill for the Introduction of Religious*

Freedom in Virginia；也参见其有关弗吉尼亚的笔记，quoted by Hirst, Life and Letters of Thomas Jefferson, pp. 136, 138；富兰克林(Franklin)以及向其学会新任成员提出的问题，Beard, *op. cit.*, p. 169; Chafee, *Freedom of Speech in War Time*, pp. 4, 21, 23.

［3］ *Cf.* Whipple, *The History of Civil Liberty in the United States*；也参见欧文·莱曼(Irving Lehman)法官关于"纽约的宗教自由"的演讲,"Religious Liberty in New York," printed in *N. Y. L. J.* of May 6, 1927; Beard, *op. cit.*, p.543.

［4］ *Cf.* Hobhouse, *Social Evolution and Political Theory*, p. 199.

［5］ Spinoza, *Ethics*, p. 187, Everyman's ed., also p. 158.

［6］ Lord Acton, *The History of Freedom and other Essays*, p. 3.

［7］ *The History of Freedom and other Essays*, Introduction, p. xxvii.

［8］ *The Areopagitica*, a plea for the liberty of unlicensed printing, 1644.

[9] Robinson, *The Mind in the Making*, p. 219; White, *History of the Warfare of Science with Theology*, vol. 1, p. 57; cf., MacDonnell, *Historical Trials*, Bruno, pp. 66, 83.

[10] Cf. Bury, *A History of Freedom of Thought*, pp. 233, 239.

[11] *Ante*, p. (原注如此——译者注)

[12] *Op. cit.*, p. 247.

[13] Spinoza, *Tractatus Theologico-Politicus*, translation by Willis, published in London, 1868, pp. 348, 351; Frank Thilly, *Spinoza's Doctrine of the Freedom of Peace*, 1923, pp. 88, 102.

[14] *Social Evolution and Political Theory*, p. 202.

[15] *Liberalism*, p. 147.

[16] P. 118.

[17] Cf. Maitland, *Collected Papers*, Liberty, vol. 3, p. 90.

[18] P. 102.

[19] P. 143.

[20] P. 144.

[21] P. 144; *cf.* Dewey, *The Public and its Problem*, p. 150.

[22] P. 79, Everyman's ed.

[23] *Cf.* MacIver, *The Modern State*, p. 153.

[24] *Op. cit.*, p. 233.

[25] See also *op. cit.*, p. 239.

[26] *Liberty*, Everyman's ed., p. 114.

[27] "对言论自由保护再严格,都不会保护在剧院里谎称起火而引起骚乱的人。" Holmes, J., in Scheneck v. U. S., 1916, 249 U. S. 47, 52.

[28] *Social Evolution and Political Theory*, p. 200; *cf.* the same author's *Liberalism*, p. 148.

[29] See the same author's *Liberalism*, p. 148, and his *Elements of Social Justice*, pp. 73, 74; but *cf.* Laski, A *Grammar of Politics*, p. 120, and the same author's *Authority in the Modern State*, p. 56.

[30] Reynolds v. U. S., 1878, 98 U. S. 145.

[31] Vol. 2, p. 300.

[32] See also Holdsworth, *History of English Law*, vol. 8, p. 338.

[33] *Cf.* Brandeis, J., in Whitney v. Cal., 1927, 274 U. S. 357, 372.

[34] Hobhouse, *op. cit.*, pp. 83, 84.

[35] *Ibid.*, p. 85.

[36] Hobhouse, *Liberalism*, p. 86.

[37] Hobhouse, *Liberalism*, p. 86.

[38] Adkins v. Children's Hospital, 1923, 261 U. S. 525.

[39] See the volume *The Supreme Court and Minimum Wage Legislation*, published by New Republic, Inc., New York, 1925.

[40] *Liberalism*, p. 91.

[41] MacIver, *Community*, p. 317.

[42] Barnes, *Sociology and Political Theory*, pp. 30, 66.

[43] Frankfurter and Corcoran, "Petty Offences and Trial by

Jury," 39 *Harvard L. R.* 981.

[44] Acton, *History of Freedom and other Essays*, "Freedom in Antiquity," p. 5.

[45] Frankfurter and Corcoran, "Petty Federal Offences and Trial by Jury," 39 *Harvard L. R.* 922.

[46] M. K. & T. Ry. Co. v. May, 1904, 194 U. S. 267, 270; People v. Crane, 1915, 214 N. Y. 154, 173.

[47] See Cardozo, *Nature of the Judicial Process*, p. 132; also Laski, *English Political Theory*, Home University Library, p. 60; Charmont, *La Renaissance du Droit Naturel*, 7 Modern Legal Phil. Series, p. 111; Borchard, "Government Responsibility in Tort," 36 *Yale Law Journal*.

[48] Wilde, *The Ethical Basis of the State*, p. 83; cf. M. R. Cohen, "Jus Naturale Redivivum," 25 *Phil. Rev.* 761; Laski, *Authority in the Modern State*, pp. 64, 65.

[49] Tumey v. Ohio, 1927, 273 U. S. 510.

[50] Moore v. Dempsey, 1923, 261 U. S. 86.

[51] Chastleton Corporation v. Sinclair, 1924, 264 U. S. 543.

[52] Village of Euclid v. Ambler Realty Co., 1926, 272 U. S. 365.

[53] Laski, *A Grammar of Politics*, p. 544; and *cf.* Laski, "Judicial Review of Social Policy in England," 39 *Harv. L. R.* 832.

[54] W. B. Yeats, *Autobiographies*, p. 101.

[55] *Nov. Org.*, 1, 41.

[56] *Free Thought in the Social Sciences*, p. 45.

[57] Dewey, *Human Nature and Conduct*, p. 314; *cf.* Robinson, *The Mind in the Making*, pp. 59, 60.

[58] P. 226.

[59] Cardozo, *The Nature of the Judicial Process*, p. 87; *cf.* Duguit, *Transformations Generales du Droit Privé Depuis le Code Napoléon*, Continental Legal History Series, vol. xi, p. 74; M. R. Cohen, "Recent Philosophical Legal Literature," *The International*

Journal of Ethics, July, 1916, p. 530; also the group of articles on "Property" in the volume of the *Rational Basis of Legal Institutions* in the Modern Legal Philosophy Series, p. 167, *et. seq.*

[60] Munn v. Illinois, 94 U. S. 113.

[61] Stone, J., dissenting in the New York theatre brokers case, Tyson & Bro. v. Banton, 1927, 273 U. S. 418, 451.

[62] *Supra.*

[63] German Alliance Ins. Co. v. Kansas, 1914, 233 U. S. 389.

[64] Marcus Brown Holding Co. v. Feldman, 1921, 256 U. S. 170; Block v. Hirsch, 1921, 256 U. S. 135; Levy Leasing Co. v. Siegel, 1922, 258 U. S. 242; Peo. *ex rel.* Durham Realty Co. v. La Fetra, 1921, 230 N. Y. 429.

[65] Levy Leasing Co. v. Siegel, *supra*; Union Dry Goods Co. v. Georgia Public Serv. Corp., 1919, 248 U. S. 372.

[66] Wilson v. New, 1917, 243 U. S. 332.

[67] Dayton Goose Creek Ry. Co. v. U. S., 1924, 263 U.

S. 456.

[68] *Cf.* Korkunov, *General Theory of Law*, p. 16.

[69] *Cf.* MacIver, *The Modern State*, p. 475.

[70] J. A. Hobson, *Free Thought in the Social Science*, pp. 88, 89; Beard, *The Rise of American Civilization*, vol. 2, pp. 236, 237.

[71] 相关判决的摘要,参见 16 *Ruling Case Law*, 418。

[72] Barker, *Political Thought from Spencer to Today*, p. 179.

[73] Dewey, *Experience and Nature*, pp. 394, 396, 398, 403, 404, 408; Dewey, *Reconstruction in Philosophy*, pp. 122, 124.

[74] 休斯(Chas. E. Hughes)法官1924年10月17日在纽约州立大学第六十届毕业典礼上所作的演讲。

译后记

接受卡多佐这本小书的翻译任务，完全出于偶然。早年读苏力老师翻译的《司法过程的性质》时，行文的优美、表述的通达流畅给我留下了深刻的印象，所以一直以为卡多佐的文字应当不难翻译。真正动手时，才发现自己严重低估了这项任务的难度。《司法过程的性质》中译本的好读与易读，实在完全是译者的功劳。卡多佐的文字在英语世界中当然称得上文采斐然，但他的这种文采却给翻译平添了不少的难度。他喜欢大量地运用比喻与修辞，所惯用的句式与语法也与我平素接触的英文文献有些不同。翻译的进度比预期要慢得多，也艰难得多，基本上是以蜗牛一般的速度缓缓前行；其间，我甚至一度怀疑自己是不是能够完成整个翻译,怀疑自己的英文阅读能力是不是有问题。好在,终于还是完成了。我自认为,在翻译本书时,我还是尽了相当的努力来避免理解上的偏差与谬误。只是,确实是自己水平有限,文字功底不够出色,也未能搁置一段时间之后再对译文进行打磨,所以无法顾及原作的文采。此外,为不至于误读作者的原意,也基于对意译的分寸感不好把握的担心,本书的翻译,很多地方还是采取了直译的方法。直译色彩的浓重,势必影响文字的可读性,表达上也可能会显得有些繁复与晦涩,对此,只能向读者表示歉意。

在翻译本书的过程中,我参考了董炯与彭冰的译本(卡多佐:《法律的成长·法律科学的悖论》,董炯、彭冰译,中国法制出版社2002年版),并获益良多;可以说,若是没有这个译本,本书中出现偏差与谬误的地方必定还要多上许多,在此,谨向两位译者表达我真诚的谢意。同时,文中一些段落或概念的译法,我曾向我的同事高丝敏博士、刘晗博士与汪洋博士请教过,感谢他们无私的帮助。在翻译的过程中,我特别尊敬的同事兼前辈高鸿钧教授,还有北京大学法学院的梁根林教授,给予我诸多的鼓励与支持,衷心感谢他们帮我度过人生中这段心绪不宁的日子;高老师还对文中一些术语的译法提出了富于启发性的建议。我的研究生盛辉帮我找到这本书的英文版,邓哲则帮我对原文中索引部分做了初步的整理(因编辑体例的要求,索引部分最终没有用上),也要谢谢他俩的帮助。最后,特别要感谢的是北京大学出版社的蒋浩老师与柯恒先生。与蒋老师相识多年,他一如既往的赏识与关心,一直让我心怀感激;柯恒先生做事十分认真细致,对译稿做了诸多的润饰与调整,使本书能够以较好的面貌呈现在读者的面前。

身处人事的纷扰之中,有时未免心意难平。等一切风平浪静之时再予回首,觉得当初的耿耿于怀实在是一种执念。其实,若是不想拉低自己的人生格局,让一切云淡风清是最好的选择,没必要为此牵绊住前行的脚步。对于未来的自己,我有着另一份期待。人到中年,即便无法达到不惑的境界,至少可以拥有一份豁达与从容;同时,即便远方除了遥远一无所有,也还是应当选择远方。熟悉的地方没有风景,耽溺于熟悉的风景之中,正是人生向下坠落的开始。所以,人到中年之际,需要重新积聚力量,重新收拾行囊,整装走向远方。但愿明天的自己,不会辜负今天的期望。在酷热的夏季里,感谢卡多佐这本小书因缘际会的陪伴,让我得以从心浮气躁中慢慢沉静下来。

劳东燕

于清华园明理楼

2016 年 9 月 7 日

图书在版编目(CIP)数据

法律科学的悖论/(美)本杰明·N.卡多佐(Benjamin N. Cardozo)著;劳东燕译.—北京:北京大学出版社,2016.9
ISBN 978-7-301-27636-5

Ⅰ.①法… Ⅱ.①本… ②劳… Ⅲ.①法学—研究 Ⅳ.①D90

中国版本图书馆 CIP 数据核字(2016)第 237715 号

书　　　名	法律科学的悖论 FALÜ KEXUE DE BEILUN
著作责任者	〔美〕本杰明·N.卡多佐 著　劳东燕 译
责任编辑	柯　恒　陈晓洁
标准书号	ISBN 978-7-301-27636-5
出版发行	北京大学出版社
地　　　址	北京市海淀区成府路205号　100871
网　　　址	http://www.pup.cn　http://www.yandayuanzhao.com
电子信箱	yandayuanzhao@163.com
新浪微博	@北京大学出版社　@北大出版社燕大元照法律图书
电　　　话	邮购部62752015　发行部62750672　编辑部62117788
印刷者	北京中科印刷有限公司
经销者	新华书店
	787毫米×1092毫米　32开本　6.5印张　73千字 2016年9月第1版　2019年9月第2次印刷
定　　　价	32.00元

未经许可,不得以任何方式复制或抄袭本书之部分或全部内容。
版权所有,侵权必究
举报电话:010-62752024　电子信箱:fd@pup.pku.edu.cn
图书如有印装质量问题,请与出版部联系,电话:010-62756370